KB043077

리더십
롤러코스터

리더십

최고의 리더들은 어떻게 탁월함을 얻는가

롤러코스터

맨프레드 케츠 드 브리스 지음 | 김현정, 조원섭 옮김

더블북

차례

3부
Just rolling;
다시 돌다

추천사

맨프레드 케츠 드 브리스는 비즈니스 현장에서 매일 일어나는 리더십 행위에 대해 리더, 팔로워, 그리고 객관적 관찰자의 관점에서 예리한 통찰을 제공해왔다. 정신분석가, 코치, 그리고 세계적으로 유명한 조직 생태 해설가인 그는 이 책에서 오늘날 주요 조직이 처한 리더십 문제에 대해 여러 차원에서 결론을 제시한다.

－데이비드 챔피온 / HBR(하버드 비즈니스 리뷰) 수석 편집자

저자는 조직의 안과 밖에서 일어나는 최고 리더들의 행동 특징들, 의사결정에 영향을 끼치는 요소, 마음속 두려움의 근본적 원인을 밝힌다. 심리 분석가, 코치로서 수많은 리더를 관찰한 결과가 이 책에 모두 담겨 있다.

－제인 윌리암스 / INSEAD Knowledge(인시아드 날리지)

리더들이 마주할 맑은 날과 흐린 날에 관한 이야기이다. 그리고 리더가 일터에서 진짜 자신의 모습으로 일하기 위해서는 심리적으로 어떤 준비가 필요한지에 관한 이야기이기도 하다. 맨프레드 케츠 드 브리스는 이 책에서 다시 한번 리더가 자아 성찰을 해야 하는 이유에 대해 설득력 있게 다룬다.

－마이클 다이아몬드 / 미주리 대학 행정과 조직 연구 명예교수

맨프레드 케츠 드 브리스는 리더십에 대한 깊이 있는 이해를 바탕으로 조직과 사람들 간의 관계를 통찰력 있게 엮어낸다. 주변 동료, 독자들 내면에서 찾아볼 수 있을 만한 특정한 현상을 다룬 30개의 이야기는 친밀하게 다가온다. 독자들은 다양한 사례와 진단 질문들을 통해 좋은 리더십에 대해 발견할 수 있을 것이다.

－필립 아스세슬라프 / 블러릭 경영대학원 교수, 명예 총장

이 책은 회사의 리더와 관리자들이 표면에 드러나지 않는 개인적, 심리적 문제 때문에 어떻게 경력이 위협받거나 취약해질 수 있는지 설명하고, 강렬하고 간결한 가이드를 제시한다. 저자는 심리학적 고찰을 통해 리더들의 마음속에서 일어나는 '무의식적 역동'을 인식하게 해주고, 이것을 그냥 두면 조직을 집어삼킬 수도 있음을 명확하게 짚는다. 더불어 전문 용어를 쓰지 않고도 리더 개인이나 조직의 독성을 제거하고 억누를 수 있는 날카롭고 강력한 해결책을 제시한다.

-하워드 북 / 토론토 대학 정신과 교수, 의사

보이지 않는 것을 보아야
진짜 리더다

조직은 보이지 않는 수많은 요소가 살아 숨 쉬는 정글과 같은 곳이고, 리더들은 그 안에서 하루에도 몇 번씩 롤러코스터를 타는 느낌을 받는다. 조직에는 보이는 것 이상의 것들이 무수히 존재한다. 리더는 보이지 않는 것을 보아야 하는 사람이다. 외부 환경의 흐름, 불확실성 속에서 회사가 나아갈 방향, 조직의 정치적 역동, 중간 리더들의 성향, 부하직원들의 동기, 이해 당사자들 사이의 갈등과 심리적 반응 등을 두루 살펴야 한다.

저자인 맨프레드 교수는 기업가 집안 출신이다. 그를 제외한 그의 집안의 모든 남성, 그리고 그의 딸 역시 기업가이다. 저자는 그들을 도울 방법을 찾기 위해, 공학, 경제학, 경영학, 심리학 등을 공부했다. 그중에서도 심리학이 리더들에게 많은 도움이 된다는 것을 발견하고, 천착했다. 그는 조직 내에서 일어나는 심리 변화와 인간관계, 나아가 세계적인 심리 역동에 이르기까지 깊이 있는 연구와 통찰을 발전시켰다.

유럽 최고의 경영대학원인 '인시아드'를 대표하는 교수이자, 전 세계에서 조직을 가장 깊이 있게 바라보는 분석가이며, 현실의 비즈니스를 구원하는 코치인 저자는 리더들과 함께 훈련하고, 작전을 짜서 제시하고, 필드에 나가서 응원도 한다. 수많은 리더와의 만남을 통해 풍부한 사례를 수집했고, 학술적인 배경지식도 갖춘 그는 열정적인 저술 활동을 통해 자신의 통찰을 쏟아내고 있다.

저자는 30년 가까이 인시아드의 CEO 대상 그룹 코칭 프로그램과 코칭 석사 과정을 운영했고, 학교 바깥에서는 세계 유수의 기업의 리더들을 위한 코치와 컨설턴트로 활약했다. 이 책은 학습하고, 실험하고, 이론화하고, 그 내용을 정리하여 현실에 적용하면서 정제한 진짜배기 조직의 이야기다. 조직의 현실을 이토록 깊이 있고 정확하게 설명하는 사람을 나는 보지 못했다.

저자의 통찰이 너무 넓고 깊어 그의 전문 서적들은 다소 어렵다. 하지만, 이 책은 현장의 리더들이 쉽게 읽을 수 있도록 쓰였다. 그러나 결코 가볍지 않다. 읽을수록 깊이가 느껴지고, 내가 겪는 현상이 또렷이 인식된다. 친절한 맨프레드 교수는 이를 모른 척하지 않고 해법까지 제시해 준다. 처음 접할 때는 과하다 싶은 느낌이 들기도 한다. 하지만 다시 곱씹어보면 보통 그가 맞다.

이 책이 이 땅의 리더들에게 바이블이 되어도 좋다고 생각한다. 세계 최고의 강연료를 받는 스타 경영학자인 맨프레드 교수를 이 한 권의 책으로 만난다고 생각하고 독서를 시작하면 좋겠다. 곧 보이지 않던 것들이 보이기 시작할 것이다.

서른 개의 이야기 끝에 있는 세계 최고의 리더십 코치가 던지는 백만 불짜리 질문도 곱씹어 보자. 내가 어떤 성향을 타고났는지, 내가 부모에게 어떻게 양육되었는지, 내가 지금 어떤 마음 상태를 가졌는지, 내가 어떤 환경에 살고 있는지 말이다. 나의 성적 욕구와 죽음에 대한 두려움까지 이 모든 것이 지금 우리 조직 안에서 플레이 되는 것을 확인할 수 있을 것이다. 그리고 나와 함께 하는 모든 사람의 *그것들*도 동시에 보일 것이다. 나와 조직의 구성원, 조직의 구성원들 사이의 역동과 무수한 감정들, 그것으로 인해 리더의 삶은 천국과 지옥을 오간다. 마치 롤러코스터를 타는 것처럼 말이다.

이 책을 읽다 보면 뭔가 꺼림칙했던 현상이 선명해지고, 세상에 이런 일을 겪는 사람은 나 혼자만이 아니라는 것을 느끼게 될 것이다. 그에 대해서 미리 고민하고 실험까지 마친 해법까지 담고 있으니, 어쩌면 이 책은 누군가에겐 '구원'이 될 것이다. 물론 필요로 하는 답을 얻지 못할 수도 있다. 그래도 의미는 있다. '알고 당할 수' 있으니 말이다. 몰라서 계속 당하고 있을 수만은 없지 않은가? 다음에는 지금보다 더 잘할 수 있을 것이 분명하다.

맨프레드 교수에게 감사의 마음을 전한다.

김현정, 조원섭

프롤로그

> 나는 지금 좋은 시간을 보내고 있다. 지금의 나는 마치 바로 다음에 어떤 일이 일어날지 모르는 터무니없이 큰 롤러코스터를 타고 있는 것과 같다. 하지만 나는 그런 상황을 즐긴다.
>
> —사만다 맘바

> 인생을 '도전적'이라고 정의하는 것은 '사람으로 살아가고 있다'라는 가장 정확한 표현이다.
>
> —빅터 트랭크

대부분의 사람은 편평한 길이 아닌, 기쁨의 언덕과 고통의 골짜기를 오르내리는 롤러코스터를 탄 듯한 인생을 살아가고 있다. 바로 다음을 예측할 수 없는 롤러코스터와 같이 인생은 무서울 수도 있지만 동시에 흥미진진할 수도 있다. 인생은 우리가 예측할 수 없는 변화와 도전들로 가득 차 있기 때문이다.

이러한 롤러코스터 효과는 특히 '리더'라는 위치에서 더욱 분명하게 나타난다. 리더는 다른 사람들보다 우여곡절, 성공과 실패 그리고 기쁨과 슬픔을 경험하기 더 쉬운 자리이다. 물론 그 강도는 '타는 사람(리더)'에 따라 차이가 있을 수 있지만 말이다. 리더는 롤러코스터를 타는 것과 같은 변화에 대해 비명을 지를 수도 있고,

속도를 즐길 수도 있다. 또는 두 가지 모두를 할 수도 있다. 리더는 시작과 끝, 그리고 좋은 시기와 안 좋은 시기들을 견디고 최고의 성과를 낼 수도 있지만, 그것들에 압도당할 수도 있다.

리더십은 보통 '좀 더 흥미진진한 길을 가기 위해 절벽에 서는 것' 혹은 '평범하지 않은 인생을 사는 것', '좁고 곧은 길을 걷는 것'이라고 정의된다. 리더들은 롤러코스터를 타는 것처럼, 숨이 멎을 것 같지만 정말 살아 있다는 것을 느끼는 신나는 상황을 경험한다. 바로 뒤의 급하강과 급상승 구간에서 어떤 일이 일어날지 모르지만 그저 그 상황을 즐기는 것이다.

지난 몇 년간 나는 정신 분석가, 경영학 교수, 상담가, 그리고 경영진들의 코치를 담당해 오면서, 수천 명의 사람이 롤러코스터 같은 인생을 사는 모습을 보았다. 그들과 동행하면서 나는 수많은 질문을 받았는데, 그중 많은 것들은 여전히 대답하기 힘들다. 시간이 지나면서 나는 이러한 질문에 대한 모든 답변이 의미가 있는 것은 아니라고 받아들일 수 있게 되었다.

이 책에는 필연적으로 다양한 변화를 겪을 수밖에 없는 리더의 삶과 리더들과 동행하며 관찰하여 내 나름대로 얻은 결론을 실었다. 그리고 이러한 것들을 질문으로 정리하여 독자들이 스스로 자신의 리더십에 대해 자문해보도록 권하고, 자신의 평소 생활, 그리고 직장에서의 경험과 연관 지어 생각해볼 수 있도록 하였다.

나는 사람들의 내면에 대해 많은 관심이 있다. 그래서 내가 하는 연구의 모든 결과물은 인간의 내면 탐구를 기본으로 한다. 나는 늘 나의 학생이나 고객들에게 자신이나 다른 사람이 하는 행동의 의도를 파악하기 위해 '탐정'과 같은 자세를 취하라고 말한다. 그래야만 자신이 반복하여 저질렀던 실수를 인식하지 못하여 계속 같은 실수를 반복하는, 자신의 과거라는 감옥에 갇힌 죄수가 되는 것을 예방할 수 있다고 말한다.

나는 더 많은 사람이 자기 자신을 이해하는 법을 알아서 자신의 진정한 잠재력을 깨닫고 한계를 인식하게 되길 원한다. 그래서 항상 사람들이 더 다양한 선택을 하는 데 도움을 주려고 노력해 왔다. 이 책도 그러한 노력 중 하나다. 당신이 인생에서 더 나은 선택을 하는 데에 나의 연구가 긍정적인 역할을 할 수 있기를 바란다.

1부

—————— Going Down;

떨어지다 ─────────────────────

1장

나는 내 상사가 싫어
_직장에서의 독과 같은 관계

앨리스는 자신의 상사가 다른 회사로 이동하기 전까지는 현재의 직장(Achtistos Corporation)에서 일하는 것을 좋아했다. 그녀의 상사를 포함한 회사의 경영진은 그녀에 대해 만족해했고, 그녀의 미래에 대해서도 긍정적이었다. 하지만 그녀의 상사가 바뀌면서 모든 것이 변했다. 새로운 상사는 앨리스를 아주 다르게 보았다. 새 상사는 자신이 맡게 된 새로운 팀을 싫어했다. 예전의 분위기(old chemistry)는 사라졌다. 열두 달 동안 그는 앨리스의 많은 직장동료를 다른 조직으로 이동시켰고, 그가 만들지 않은, 원래부터 있던 규칙들을 전부 바꿔놓았다. 그는 회사에 도움이 되든 그렇지 않든, 자신의 아이디어가 아니면 모조리 없애버렸다.

처음에는 앨리스도 새로운 상사의 마음에 들기 위해 자신이 무엇을 하면 좋을지를 물어보며 노력했다. 하지만 새로운 상사는 그녀에게 아무것도 답해 주지 않았다. 그는 그녀의 능력을 믿지 않았고, 도와주지도 않았다. 그뿐만 아니라 그녀에게 단순하고 지루한 일들만 하도록 지시했다. 앨리스는 상사에게 자신의 능력을 보여줄 기회조차 얻지 못했다.

앨리스는 인사팀을 찾아가 상담하고, 최고 경영진에게 도움을 구하였다. 하지만 경영진은 그녀의 업무능력을 알고 있음에도 불구하고, 자기 자신의 자리를 지키기에 급급해 그녀에게 도움을 주지 않았다. 누구에게도 도움을 받을 수 없자 앨리스는 극심한 스트레스로 미칠 것만 같았다. 그녀의 업무 스트레스는 그녀의 건강에까지 영향을 미쳤다. 우울해졌고, 쉽게 불안해했으며, 불면증에 시달렸다. 게다가 안 좋은 식습관까지 생겼다. 그녀는 여전히 그 직장을 좋아했지만, 그녀의 상사는 싫었다. 이윽고 그녀는 건강 때문에 직장을 그만두어야 할 상황까지 오게 되었다.

불행하게도 앨리스의 이야기는 드문 케이스가 아니다. 이 이야기처럼 자신의 회사는 좋아하지만, 상사와 맞지 않아 고민하는 경우가 많다. 회사 내 업무 몰입도(workforce engagement)에 대한 설문조사는 가히 충격적이다. 오직 13%의 직원들만이 업무에 몰입하고 있었고, 63%의 직원들은 몰입하지 못하고 있었다. 심지어 24%의 직원들은 업무를 피하고 있었다. 미국의 노동자들이 직장을 그만두는 이유의 50%가 "상사가 싫어서"였는데, 이것은 사람들이 직장을 떠나는 가장 큰 이유였다. 사람들은 속마음을 숨기기 위해 '아이가 학교를 옮겨야 해서요', '아내(혹은 남편)이 다른 도시에 살고 싶어 해요' 등의 핑계를 댄다. 하지만 사람들에게 회사를 그만두는 분명한 이유에 대해 좀 더 물어보면 그것은 대부분 '상사가 싫어서'이다.

많은 직장인이 자신의 상사를 신뢰하지 않고 존경하지 않는다. 그들은 상사가 사소한 일까지 참견하는 것, 괴롭히는 것, 충돌 회피, 상의하지 않고 결정하는 것, 일관적이지 않은 행동, 모든 공을 다 자기에게로 돌리는 것, 잘못에 대해 다른 사람을 비난하는 것, 정보를 공유하지 않는 것, 어려운 일에 대해 예시를 들어 주지 않는 것, 낮은 수준의 업무능력, 그리고 자신의 직원들을 키워 주지 않는 것 등에서 자주 불만을 드러낸다. 이러한 상사들은 철저하지 못하고 책임의식이 없는 잘못된 상사늘이다. 많은 사람이 악마 같은 상사들 아래서 일하고 있다. 하지만 대부분 회사는 그 사실도 모른 채 상사들에게 리더십을 발휘한 것에 대한 보상을 한다. 이렇게 안 좋은 상사는 사람들과 회사 모두에게 해를 끼친다.

물론 상사가 본질적으로 나쁜 사람은 아니다. 모든 일에는 '이면'이 있기에 상사들이 이렇게 이해할 수 없는 행동을 하는 데는 합리적인 이유가 있을 수도 있다. 그들은 종종 장기적인 목표 달성을 위해 단기적인 희생을 받아들이라는 엄청난 압박을 받는데, 이러한 스트레스는 상사에게 잘못된 판단을 할 수밖에 없도록 만든다.

하지만 이유가 합리적이든 아니든, 당신이 싫어하는 상사 아래에서 일하는 것을 상상해 보라. 당신은 앨리스처럼 회사를 떠나는 것을 선택하겠는가? 아니면 다른 방법을 찾아보겠는가?

사실은 이러한 상사와의 관계를 잘 조율하는 것도 당신의 일 중 하나이며, 그 일을 잘하는 것이 당신이 좋은 직원임을 증명하는 방법이다. 만약 상사와의 관계가 독과 같다면, 처음 해야 할 일은 오직 나만 그러한 일을 겪고 있는지, 아니면 다른 동료들도 같은 상황을 겪고 있는지를 알아보는 것이다. 만약 동료들도 당신처럼 상사를 싫어한다면 당신은 심각한 상황에 놓인 것이다. 이를 해결할 방법은 직장 동료들과 뭉쳐서 상사를 몰아낼 계획을 세우는 것이다. 하지만 다른 동료들이 당신과 같은 상황이 아니라면, 그것은 당신의 문제일 수도 있다. 듣기 싫은 이야기일 수 있지만, 이런 상황에서는 당신의 행동을 바꿈으로써 상사와의 관계가 회복될 수 있을 것이다.

눈치가 빠르고 지혜가 있는 사람은 이러한 일을 해결하는 데에 동료를 적절히 활용한다. 동료들은 당신과 상사의 관계 회복에 도움을 줄 수 있는 거의 유일한 사람들이기 때문이다. 만약 당신이 문제라면, 직장 동료들에게 그들이 상사와 잘 지내기 위해 어떠한 일을 했는지 물어보라. 당신이 상사와의 관계에서 어떻게 행동하고 접근해야 할지에 대한 큰 도움을 얻을 수 있을 것이다.

다른 전략은 상사와 좋은 관계를 맺고 있는 사람들을 관찰하는 것이다. 그들은 당신이 하지 않는 어떤 행동을 하는가? 혹은 상사가 화나지 않도록 일을 잘하고 있는가? 이 모든 것에 좀 더 신중하게 질문을 던지는 것이 당신과 상사의 관계를 회복하는 데 도움이 된다. 질문을 던질 때는 방향성을 잘 따져보아야 한다. 상사에 대한 나쁜 감정은 미뤄두고, 모든 질문을 긍정적으로 만들어 보라.

그리고 객관적인 시선으로 당신이 했던 행동들과 감정들을 돌아보라. 당신은 왜 그 상사를 싫어했는가? 그가 당신에게 하는 말과 행동 때문인가? 아니면 당신의 상사가 현재이든 과거이든 당신이 싫어한 누군가를 떠올리게 하는가? 이렇게 고민해 보는 것은 당신과 상사의 관계 회복에 큰 도움을 준다. 아마 당신의 상사는 당신이 싫어하는 누군가와 닮았을 확률이 높다. 정신 분석가들은 이것을 전이(transference)라고 부른다. 모든 관계는 새롭지 않고, 전에 가졌던 관계들과 비슷한 양상을 띤다는 것이다. 그럴 때 우리는 시간, 공간, 그리고 사람에 대한 혼란을 겪는다. 내면 의식과 사고의 역학 관계를 이해한다면, 당신이 상사와의 관계를 개선하지 못하는 이유를 좀 더 쉽게 알 수 있다.

또 다른 방법은 '적극적인 소통'이다. 소통하지 않는 것이야말로 이러한 독과 같은 관계의 가장 큰 이유다. 문제 해결을 위해 소통하겠다고 마음먹는 순간 상쾌한 공기가 당신과 상사를 감싸는 것을 느낄 것이다. 해결을 위한 첫걸음을 뗀 것이다. 소통하면서 당신은, 상사가 당신이 얼마나 기분 나빠 하는지에 대해 모르고 있다는 사실을 발견할 것이다. 소통하는 일은 이러한 오해들을 풀고 서로의 행동을 바꾸는 데 도움을 줄 것이다.

만약 이런 것들을 다 시도해 보았는데 문제의 원인이 오해가 아니라 심각한 성격 충돌에 있다는 사실을 발견한다면 당신의 옵션은 제한적으로 된다. 인사팀과 이야기를 나누려는 계획은 잊는 것이 좋다. 그들은 보통 직원 개개인보다는 최고 경영진의 필요를 더 중시한다. 확실한 것은 내부고발자로 인식되면 골칫덩어리로 분류되고, 결국 조직에서 제거되는 경우가 많다는 것이다.

당신은 수동적으로 굴거나 철수한 군대의 일원처럼 일터에서 일하는 척이나 하며 상사와의 접촉은 최소한으로 하는 전략을 취할 수 있다. 언젠가는 상사가 다른 팀으로 가게 될 가능성도 있다. 그러나 오로지 그때를 기다리면서 버티는 것이 의미가 있을까? 당신은 점점 더 업무에 몰두하지 못하면서 일에 환멸을 느끼게 될 것이다. 결국 당신은 앨리스처럼 업무 속에서 받는 스트레스 때문에 우울해지고, 심리적인 요인들로 인해 고통받다가 생활 전체를 망쳐버릴 지도 모른다.

이 경우 취할 수 있는 행동 중 하나는 당신이 먼저 상사에게 비공식적으로 이야기를 하는 것이다. 이것은 아마 당신이 회사에서 할 수 있는 최후의 수단일 것이다. 하지만 최소한 상위 경영진에게 어딘가 큰 문제가 있다는 것을 느끼게 할 수는 있을 것이다.

만약 당신이 상사와의 관계 회복을 위한 모든 시도에 실패한다면, 새로운 일자리를 알아보는 것이 좋다. 이러한 선택이 당신의 정신 건강에 도움이 될 것이다.

최고의 선택은 당신이 아직 조직에 남아 있을 때 새로운 직장을 알아보는 전략이다. 이력서를 준비하고, 헤드헌터들을 만나보고, 좋은 증빙서류들을 준비해 놓으라. 그리고 나쁜 상사들은 당신을 나쁘게 규정하고 당신을 망칠 수도 있지만, 당신을 더 강하게 만들어 줄 수도 있다는 사실을 기억하라. 나쁜 상사가 있는 것은 어쩔 수 없는 일로 당신의 잘못이 아니지만, 당신이 계속 그러한 관계 속에 남아 있다면 그것은 당신의 잘못이 될 수도 있다.

Question

☑ 당신의 상사는 당신 인생에서 만난 다른 누군가를 떠오르게 하는가?

☑ 당신은 상사를 대할 때 어떤 감정이나 환상을 갖는가? 당신의 상사
   는 당신에게 어떤 영향을 주는가?

☑ 당신은 당신과 상사가 정해진 시나리오 안에서 움직인다고 믿는가?
   당신과 상사가 어떠한 역할을 가졌는지 이해하고 있는가?

☑ 당신은 상사가 왜 그렇게 행동하는지 알고 있는가? (상사가 왜 화를
   내는지, 슬퍼하는지, 기분 나빠 하는지, 기뻐하는지?)

☑ 당신은 상사의 입장이 되어 보기 위해 심각하게 노력해 보았는가?

☑ 다른 직장 동료들이 당신의 상사를 어떻게 생각하는지 물어본 적이
   있는가?

2장

내리막길
_자만심, 이것은 정말 리얼하다

안토니오 델 포르테(이하 '안토니오')는 그 조직에서 떠오르는 스타였다. 그를 만났던 모든 사람은, 그가 자기주장이 분명한 사람이라고 말했다. 공식적인 미팅이든 비공식적인 미팅이든 그는 자신의 주장에 확신을 가지고 피력했다. 그에게는 결과를 낼 수 있다는 자신감과 어떻게 그러한 결과를 낼지에 대한 확신이 가득했다. 그는 확실히 회사의 많은 사람에게 주목을 받고 있었다. 한두 사람은 그가 의기양양하고 고압적인 자세로 허풍을 떤다고 생각했으나, 다른 사람들은 그가 잘못됐다고 생각하지 않았다. 그가 더욱더 높은 자리로 올라가리라는 사실은 당연하게 받아들여지고 있었다.

한편, 안토니오와 함께 일하는 측면에서는 이야기가 달랐다. 그는 여러 팀을 옮겨 다녔지만, 쉽게 적응하지 못하였다. 그리고 그는 다른 팀원들에 비해 좋지 못한 평가를 받았다. 그의 동료들은 그가 모든 공을 가져가려 했고, 다른 사람들의 공로를 인정하지 않았으며, 실수가 생기면 다른 사람을 비난하고, 자신의 의견이 틀렸다는 것을 인정하지 않는다고 말했다. 그들은 안토니오를 자만심이 가득하고 자기밖에 모르는 사람이라고 평가했다. 그 외의 평가들도 말하기 어려울 정도로 심각했다. 안토니오는 '악당'이었다. 그 때문에 함께 일하는 사람들은 의견을 내기 두려워하고, 스스로 포기하게 되었다. 그는 사람들의 학력이나 자동차, 외모, 머리 스타일 등으로 인신공격을 했고, 사람들의 약점을 잡아서 공격하는 아주 잔혹한 사람이었다. 팀원들은 안토니오가 다운증후군을 앓고 있는 자녀를 둔 팀 동료에게 장애인 운운하며 헐뜯는 언사를 퍼부은 일을 잊을 수 없다고 말했다. 안토니오가 저지른 만행은 이밖에도 수없이 많았다. 그러나 상사들은 전혀 알아채지 못하는 것 같았다.

안토니오의 동료와 부하직원들의 불만과 보고에도 불구하고, 조직의 높은 자리에 있는 많은 사람이 그에게 무한 신뢰를 보내고 있었다. 사람들은 안토니오의 진정한 모습을 보지 못하고 있었다. 그의 동료들의 퇴사율이 높아지고, 그가 맡은 분야가 점차 비생산적으로 변하고 있다는 사실을 아무도 눈치채지 못했다. 안토니오는 정말 큰 일이 터지기 전에 발을 빼는 재주가 있었고, 그 일이 자신과는 아무 관련 없음을 모든 사람에게 피력했다.

안토니오의 승진은 거침없었고, 곧 회사의 지사장이 되었다. 그는 부분적으로나마 자신을 견제하던 감시망에서 벗어나자 최소한의 위선과 가식마저 지워버렸다. 그의 행동은 이제 견딜 수 없는 수준에 이르렀다. 지사에 찾아오는 방문객들은 직원들의 굴종적인 태도에 놀라움을 금치 못했다. 한 여성은 본사로 돌아가서 사태의 심각성을 보고했다. 미팅에서는 사람들이 안토니오와 눈도 마주치지 못하고, 모두 그를 피해 다니고 있으며, 심지어 폭력을 사용한다는 소문까지 있다는 내용이었다.

안토니오에 대한 소문은 점점 많아졌지만, 두려움 때문에 누구도 직접 나서서 말하려 하지는 않았다. 그의 폭언, 위협적인 행동 그리고 곤두박질치는 성과에도 불구하고 불행히도 그를 처벌할 수 없었다. 그는 어떻게든 모든 혐의를 피했고, 그의 이러한 행동은 결코 들키지 않을 것처럼 보였다.

결국 꼬리는 잡히고 말았다. 안토니오에게 성적 위협을 받은 여자 직원이 경찰에 신고한 것이다. 그녀의 아버지는 경찰 조사관이었다. 다음 날 아침, 바로 출동한 경찰 조사관에 의해 안토니오의 만행은 끝나게 되었다.

권력, 특권, 명성, 그리고 화려함에 대한 갈망에 사로잡힌 많은 나르시시스트들은 결국 정치나 비즈니스에서 리더의 자리에 앉게 된다. 그중 많은 사람이 놀라운 성공을 한다. 그들의 자신감과 다른 사람에게 영향을 미치는 능력이 그들의 성공에 제대로 작용한다. 하지만 불행하게도 나르시시즘의 어두운 면은 이러한 리더들에게 심각한 기능 장애를 불러일으킨다.

사람들은 리더를 이상적으로 생각하는 경향이 있다. 이것은 인간이 어린 시절, 부모에게 느끼는 감정과 같다. 우리는 안정감을 느끼고 싶기 때문에 부모님은 완벽하고 전지전능하다고 믿는다. 어른이 되어서는 이러한 감정을 리더에게 투영하는 경향이 있다. 리더에게 비현실적인 힘과 능력을 부여하고, 두려움과 존경하는 감정을 동시에 가지는 것이다. 이러한 칭찬과 존경을 거부할 수 있는 사람은 드물다. 그렇게 많은 리더는 자신이 진정 사람들이 원하는 모든 것을 갖춘 사람이라고 믿기 시작한다. 그들은 점차 '휴브리스(그리스어로 과도한 자부심과 자신감을 뜻함)'라 부르는 오만함의 희생양이 되고, 스스로 특권의식을 갖게 된다. 그렇게 자신보다 덜 훌륭한 사람들을 경멸하고, 좋아하지 않는 일을 하는 것을 못 견뎌하며, 자기와 비슷한 성공을 누리고 있는 사람들을 무시하거나 분노, 또는 복수심을 가지고 대하게 된다.

안토니오의 이야기는 사무실에 경찰이 가득 찬 상황과 같은 극적인 몰락으로 끝나지 않았다. 그는 빠져나가는 데는 선수였다. 경찰들이 그의 사무실에 있는 동안, 그는 먼저 본사에 연락해서 즉각적 사임을 통보하고 회사를 바로 빠져나갔다. 그 이후 24시간 동안 그는 자신이 받을 수 있는 모든 퇴직 혜택을 챙기고, 그에게 어떤 징계나 책임을 물을 수 없도록 손을 썼다. 4개월 후에 경제 언론들은 그가 다른 조직의 지사장으로 임명되었음을 언급하였다. 그는 분명 은폐하는 데는 능력자인 듯했다.

안토니오가 지사장 자리에 있던 19개월 동안 일어난 일은 엄청났다. 그가 떠나고 난 뒤, 권력 남용에 대한 고소와 위법에 대한 고소가 줄줄이 이어졌다. 지사의 도덕성은 바닥에 떨어졌고, 직원들도 조직을 불신하게 되었다. 안토니오의 비행을 견뎌내야 했던 직원들은 이 모든 사태를 묵인한 다른 리더들을 신뢰하지 않았다. 또 약자를 괴롭히는 행위가 조직 안에 확산하면서 아래 직급에 있는 많은 사람이 고통받았다. 이것은 수익에도 심각한 영향을 주었다. 협력업체들은 떨어져 나갔고, 직원들은 일을 제대로 하지 않거나 서로를 괴롭혔다. 회사는 지역 시장에서 신뢰를 잃었다. 안토니오가 모든 것을 망치기 전으로 되돌아가는 데는 19개월보다 훨씬 더긴 시간이 필요했다.

만약 당신이 안토니오와 함께 일하는 환경에 놓이게 된다면 어떻게 할 것인가? 다행히도 요즘은 24시간 방송되는 뉴스와 소셜 미디어 덕분에 큰 회사든 작은 회사든 회사 내 가혹행위를 숨기는 일은 어려워졌다. 예를 들어, 아사드나 카다피 같은 독재자를 상사로 만나는 최악의 경우라면, 회사 외부 인사의 중재가 유일한 방법인 듯하다. 하지만 직장에서 외부의 중재는 생각보다 간단한 일이 아니다. 나르시시스트들은 자신들의 문제 행동들을 고치도록 도와주는 코칭이나 상담을 거부하는 것으로 악명이 높기 때문이다.

가장 이상적인 방법은 회사에서 이러한 나르시시즘의 어두운 면을 인식하고, 어떤 징후만 보여도 싹을 자를 수 있는 제도를 만드는 것이다. 불행하게도 많은 조직의 문화는 이처럼 과도한 자부심을 가진 사람들에게 오만함을 키울 수 있는 비옥한 토양을 제공한다. 그들이 회사에 좋은 결과를 가져오기만 한다면, 잘못된 행위들은 쉽게 눈감아 주는 것이다. 그러다 나르시시스트들 때문에 좋은 능력을 가진 사람들이 떠나버리고, 조력자나 아첨꾼, 그리고 경험이 부족하거나 능력 없는 사람들만 남게 되었을 때, 회사는 그제야 비로소 심각한 곤경에 처했음을 알게 된다. 그리고 나르시시스트 한 명을 퇴출하는 것이 최선의 방법이란 것을 깨닫게 된다.

다른 방법들은 더 많은 상상력을 요구한다. 예전에 변덕스럽고 비이성적 행동들로 동료들을 격분시키고 공포에 떨게 한 여성 임원의 이야기를 들은 적이 있다. 그러나 그녀는 일에서는 너무나도 출중했고, 그 분야에서 그녀의 명성은 회사에 큰 영광을 가져다주었다. 그녀의 공격성은 전설적이었지만, 그녀의 약점 역시 전설적이었다. 그녀는 추위를 많이 탔는데, 그래서 사무실에서는 늘 털실로 짠 커다란 카디건을 입고 있었고, 아주 중요한 회의에 참석할 때만 벗었다. 얼마 후 이 '따스한 카디건'의 주인에게 무참히 공격당한 사람들만을 위한 비밀 웹사이트가 있다는 소문이 돌기 시작했다. 가입자들은 이 웹사이트에 그녀의 카디건 안에서 포즈를 취하고 있는 사람들의 사진들이 게시되어 있으며, 거기에는 사장, 보안 팀장, 우체국 직원뿐만 아니라 그녀의 부하직원 대부분이 포함되어 있음을 발견할 수 있었다. 이 웹 사이트는 그녀의 희생양들에게 보이지 않는 방어벽이 되어 주었다. 이렇게 웃음과 연대는 훌륭한 방어 형태가 될 수 있다.

Question

☑ 당신의 조직은 좋은 성과를 내지만 조직의 가치를 지키지 않는 사람을 눈감아 주는가?

☑ 당신을 포함한 당신 조직의 사람들은 주목받는 것을 좋아하는가? 이런 사람들을 특징짓는 다른 행동 패턴이 있는가?

☑ 당신의 조직에는 다른 사람의 조언이나 비판은 경멸하면서 자신의 의견에는 과도한 자신감을 보이는 사람이 있는가?

☑ 당신의 조직은 자신이 특별한 사람인 것처럼 느끼고 행동하는 사람들에 대한 견제와 균형 시스템을 가지고 있는가?

☑ 당신의 조직에는 상사에게 건강한 반론, 즉 불편한 것들을 말할 수 있는 사람들이 있는가? 당신은 이런 행동이 조직 문화에 필수적인 부분이라고 보는가?

3장

왜 그들은 되고 난 안 되나요?
_질투를 다루기

세계적인 제약회사의 품질관리 부사장으로 있는 파비안느는 부정적 성향을 발산하는 것으로 악명이 높았다. 늘 화가 나거나 짜증이 난 상태인 그녀는, 다른 사람들을 헐뜯고 회사에서 다른 사람들의 회사 내 위치에 대해 시기했으며, 남들의 지적 능력을 폄하하고, 업적을 결코 인정하지 않았다. 그녀는 다른 사람의 성공에 대한 분노를 감추지 못했다. 누군가 그녀의 태도에 이의를 제기하면 그녀는 보복하거나 자신의 행동들을 합리화했다.

놀라울 것도 없이 파비안느에 대한 불만이 회사 안팎에서 제기되었다. 그녀는 자신의 명성에 스스로 먹칠을 하고 있었고, 질투심을 억제하기 위해 술과 약물 등에 의존하며 자신을 망쳤다. 결국 회사는 파비안느를 해고했다. 5년 만에 두 번째로 해고된 것이었다.

당신도 파비안느와 같은 동료를 만나봤을 수 있다. 당신은 누군가를 드러나게 질투하는 사람 때문에 불편했던 적이 있는가? 당신은 질투에 사로잡힌 사람의 말이나 행동 때문에 위협을 느낀 적이 있는가? 그렇다면 아마 파비안느가 불편할 정도로 친숙할 것이다. 혹시 당신도 다른 사람을 질투하고 있는가? 당신은 다른 사람의 업적을 지나치게 의식하고 있지 않은가?

정신 분석학자 칼 융은 우리가 인정하지 않으려는 우리 자신의 숨겨진 억압된 부분을 '그림자'라고 명명하였다. 질투는 통찰력을 가리고, 각 개인이 가진 자아 감각을 약화하며, 인간의 상호작용을 복잡하게 만든다. 이러한 현상은 사회적 환경에서 상당히 파괴적인 결과를 가져올 수 있다.

질투는 말 그대로 다른 사람을 아니꼽게 보거나 나쁘게 보는 감정이다. 질투에 사로잡히면 다른 사람들의 행운에 대해 불만을 가지고, 다른 사람이 불행해지면 행복해한다. 질투는 우리 내면의 가장 강력한 어두운 감정 중 하나로, 열등감, 적개심, 그리고 분노가 고통스럽게 뒤섞인 감정이다. 이러한 감정들은 내가 깊이 원하는 것을 가진 다른 사람을 보고, 그 상태를 망치고 싶을 때 나타난다.

질투가 전통적인 '7대 죄악'의 하나인 데는 그만한 이유가 있다.

질투는 우리의 판단력을 흐리고, 우리의 관계를 망치는 힘을 가졌다. 질투는 '샤덴 프로이데(타인의 불행에 대해 쾌감을 느끼는 것)'처럼 우리가 질투하는 사람이 잘못되지 않는 한 우리에게 기쁨을 가져다주지 않는다. 수치심과 죄책감은 질투의 자연스러운 동반자이다. 그것들은 질투의 고통을 더 심화시키고, 그러한 감정을 알아채고 대처하지 못하도록 숨기게 만든다.

사실 질투라는 감정을 피하는 것은 불가능하다. 우리가 원하는 것이나 원하는 능력을 가진 사람은 항상 있기 때문이다. 어떤 상황에서는 질투가 좋은 것이 될 수도 있다. 만약 누군가를 시기하지 않고 동경하여 그 사람처럼 되고자 노력한다면 질투는 '건설적(긍정적)'으로 변한다. 즉, 무언가 충족되지 않은 욕구를 해소하기 위해 노력할 때, 질투는 큰 동기부여가 된다.

하지만 일반적으로 질투는 파괴적이다. 내가 그토록 원하는 것을 다른 사람이 가지고 있다는 생각을 할수록 자아는 파괴되고, 끊임없는 비교의 늪에 빠지게 된다. 그렇게 결핍, 불만족, 그리고 불충분함을 느끼고, 그 결과 사회적으로 성공의 잣대가 되는 돈, 권력, 지위, 외모, 운을 가진 사람들에 대해 분개한다. 심지어는 단순히 행복해하는 모습 자체에도 분노하게 된다. 질투는 상처와 엄청난 고통을 준다. 질투는 인간관계를 깨뜨리고, 팀을 방해하며, 조직의 성과를 약화시킨다. 또 질투심을 느끼는 상대에게도 피해를 준다. 질투의 감정은 안 좋은 대인 관계, 낮은 자존감, 우울증, 불안, 분노, 그리고 심지어 범죄 행위와도 연관이 있다. 그럼에도 불구하고, 질투라는 감정이 무조건 나쁜 것만은 아니다. 질투에 대한 인식을 바꾸고 우리가 가진 것에 만족하는 방법에 다시 초점을 맞춘다면, 우리는 질투를 충분히 다스릴 수 있다.

파미안느의 이야기로 돌아가 보자. 그녀는 두 번 연속 비슷한 이유로 해고되었을 때, 이 사태를 무시하고 넘어갈 수 없었다. 그녀는 질투라는 감정이 그녀의 정신적, 신체적인 건강에 영향을 끼친다는 것을 어느 정도 인정해야 했다. 그녀는 몇 안 되는 친구 중 한 명의 격려에 힘입어 코칭을 받기로 했다.

파비안느는 자기 마음속에 자리한 질투라는 감정을 하나씩 끄집어냈다. 그녀는 다른 사람들과 자신을 비교하는 것을 멈추지 못했고, 계속 감정의 기복에 시달렸다. 그녀는 살아오면서 늘 손해를 본다고 생각했다. 반면 다른 사람들은 그녀가 원하는 능력, 덕목, 가치 등을 모두 가지고 있다고 느꼈다. 또 경쟁자라고 생각하는 사람들에게 강박감을 가지고 있었다. 그리고 그들에게 분노를 느끼며 보복하려고 했다. 질투는 결혼 생활과 인간관계마저 망치고 있었다. 그녀는 남편의 경력에 대해서도 질투를 느끼고 있었음을 깨달았다. 남편이 잘했을 때보다 실패했을 때 그녀는 더 기쁨을 느꼈기 때문이다. 또한 친구들의 업적 −승진이나 결혼, 아이의 출산,

그리고 이사 등-을 축하해야 하는 것에 분개했다. 타인의 행복에 대해 안 좋은 말을 하고 싶지 않았지만, 자신의 감정과 행동을 컨트롤할 수 없었다.

파비안느는 멍청한 사람이 아니었다. 그녀는 자신의 안 좋은 행동들이 자신을 망친다는 것을 알고 있었다. 그녀는 자신의 그런 모습을 버리고 싶었다. 하지만 혼자 힘으로는 바꿀 수 없었다. 그녀는 자신이 '경쟁'이라고 느끼는 모든 것을 없애려고 애쓰는 데 갇혀서 다른 어떤 것도 할 힘이 없었다.

처음에 코치는 파비안느를 주의 깊게 살피면서 어떤 상황에서 질투를 느끼는지 관찰하고, 어떻게 하면 질투의 감정을 컨트롤할 수 있을지를 찾으려고 했다. 그녀가 언제 질투를 느끼는지 알아내고, 사고하는 과정 중 부정적인 부분을 포착하여 바로잡고, 감정이 극에 달하기 전에 그것을 조절하는 법을 알려주기 위해서였다. 파비안느는 스스로 불행의 원인을 찾았다. 실마리는 그녀의 성장 과정에 있었다. 엄마가 가장 아끼던 딸인 언니에 대한 질투를 그녀는 잘 알고 있었다. 어린 시절, 언니에 대한 강렬한 질투를 느낀 후로 그녀의 인생에는 수많은 편애의 대상이 되는 '언니들'이 생겨났던 것이다.

여러 면에서 이는 매우 전형적인 사례이다. 질투라는 감정이 좋지 않게 나타나는 경우는 보통 가족관계에서부터 시작된 오래된 감정인 경우가 많다. 신체적, 지적, 또는 정서적 결핍은 이러한 열등감을 더 고조시킨다.

코치는 파비안느가 가족의 부정적인 부분보다는 긍정적인 부분에 집중하도록 도왔다. 사실 그녀와 언니 사이에는 좋은 경험이 훨씬 더 많았다. 이러한 기억들을 표면에 드러내면서 파미안느는 균형 잡히고 건강한 관점을 세우는 데에 한 걸음 다가설 수 있었다.

코칭을 받으면서 파비안느는 자신이 모든 상황에서 자신이 잘못되었다고 가정하는 경향을 보이고 있었다는 사실을 깨닫고, 그러한 것을 조절하는 법을 익혔다. 그녀는 자신에게 없는 다른 사람들의 능력에 집착하는 것을 멈추고, 자신에게 주어진 능력에 감사하고 그러한 능력을 키우는 법을 배웠다. 그녀는 더이상 자신의 질투를 정당화하기 위해 다른 사람들의 단점을 강조하는 행동을 하지 않게 되었다. 또 다른 사람들의 성공에 덜 집착하게 되었다. 그리고 다른 사람들을 깎아내리기보다는 자기 자신을 향상하려고 노력했다. 이제 그녀는 자신에게 좀 더 관대해졌다. 이로 인해 그녀는 자신감을 찾았고, 경력도 제자리로 돌려놓았으며, 가족과 친구들과의 관계도 조금씩 개선해나가기 시작했다.

Question

☑ 당신의 삶을 질투라는 감정이 지배하고 있지 않은가? 그러한 감정이 어디서 오는 것 같은가?

☑ 어떠한 상황에서 가장 질투를 느끼는가?

☑ 질투라는 감정에 대처하기 위해 어떠한 방법을 사용해 보았는가?

☑ 당신 주변의 사람들은 다른 사람들의 질투 때문에 행동하는 것을 망설이고 있지 않은가?

☑ 당신은 질투를 느낄 때, 자신의 장점과 성과들을 돌아봄으로써 그것을 이겨낼 능력이 있는가?

☑ 당신의 회사에서는 자신의 성과를 챙기는 대신에 사람들과 자신이 이뤄낸 성과를 나누려는 문화가 있는가?

☑ 당신은 다른 사람들을 깎아내리는 대신 자신의 강점을 키우려고 노력할 준비가 되어 있는가?

4장

더, 더, 더 주세요
_탐욕 증후군

파벨은 자신이 좋은 하루를 보냈다고 느꼈다. 가장 최근에 열린 레일러사의 이사회에서 2000만 달러의 월급과 보너스를 받았기 때문이다. 파벨은 사장과 사원의 보수 비율이 400 대 1이라는 사실에 상당히 만족했다. 하지만 꽤 많은 월급에도 불구하고 그 만족감은 오래가지 못했다. 다른 상장사의 임원 중 일부가 자신보다 많은 월급을 받으며 일한다는 사실이 그를 고통스럽게 했다. 하지만 그는 다른 혜택도 누리고 있었다. 그는 전용 비행기를 걸프스트림사의 가장 최신형 모델로 바꾸자 기분이 좋아졌다. 레일러사는 그에게 뉴욕의 펜트하우스도 제공하고, 그의 앞으로 언제든 쓸 수 있는 전용 계좌도 마련해 주었다. 지난여름에는 이 계좌에서 2만 달러를 꺼내 요트를 빌려 타기도 했다.

이러한 호사와 특혜에도 불구하고 파벨은 회사로부터 더 많은 대가를 받길 원했다. 그는 자신이 회사에 기여한 것에 비해 금전적으로 부당한 대우를 받고 있다고 생각했다. 그는 백억 달러를 손에 쥐길 원했다. 하지만 그 목표에 다다르려면 아직 많이 부족했다. 파벨은 늘 무언가 부족하다고 느꼈다. 회사에서 아무리 좋은 대우를 받더라도 부당하게 느끼는 이런 감정은 그에게 익숙했다.

모두가 알다시피 인생은 놀라운 일들로 가득 차 있다. 그는 진짜 돈벼락을 맞을 기회를 눈앞에 두고 있었다. 경영권 인수 합병만 잘된다면 백억 달러를 가진 부자가 되는 것은 시간문제였다. 그러나 논의에 열을 올리던 중, 그는 뇌졸중으로 쓰러지고 말았다. 파벨은 얼마간 생명유지 장치에 의존해 살아가다 결국 죽음을 맞이했다. 만족하지 못하던 그의 삶은 결국 죽음에 의해 종지부를 찍었다. 파벨은 살아 있는 동안 돈이 없는 삶은 아무 의미 없다고 여겼다. 하지만 반대였다. 살아 있지 않다면 아무리 많은 돈도 소용없었다. 탐욕증후군은 그만한 대가를 요구한다.

많은 리더가 파벨과 같이 탐욕과 과잉에 시달린다. 탐욕은 인간의 노력과 결부되어 있다. 더 많은 것을 얻고자 하는 탐욕은 인간을 노력하게 만든다. 그러나 노력의 대가로 주어지는 달콤한 열매는 더 큰 탐욕을 부른다. 인간이라는 종이 존재하는 한 이러한 사슬은 계속 반복될 것이다.

역사적으로도 탐욕에 대한 평가는 매우 다양하다. 철학자들은 우리 사회가 견딜 수 있는 탐욕의 양이 얼마나 되는지 논의해 왔다. 탐욕은 경제 성장의 모터 역할을 하지만, 통제되지 않으면 인간을 불행하게 만든다. 이는 현대 경제사에서 적나라하게 드러난다. 이러한 역사적 사실에도 불구하고, 현대사회는 물질주의와 인간의 탐욕에 전적으로 의존하고 있다. 다행인 것은 우리가 아직 탐욕에 대한 최후의 경고를 잊지 않고 있다는 사실이다.

지나치게 자기중심적인 행동은 탐욕스러운 사람들의 첫 번째 징후이다. 찰스 디킨스의 『크리스마스 캐럴』에 나오는 반영웅인 스크루지가 그 좋은 예다. 스크루지는 친절이나 연민, 기부 그리고 자비심이라고는 찾아볼 수 없는 아주 인색하고 탐욕스러운 사람이다. 탐욕스러운 사람들은 다른 사람들의 필요와 감정은 무시한 채 항상 "나, 나, 나."라고 말한다.

질투는 또 하나의 단서이다. 질투와 탐욕은 마치 쌍둥이와 같다. 탐욕이 돈과 권력의 소유에 집착하는 지나친 욕망이라면, 질투는 다른 사람에 속한 것을 바라는 극단적인 욕망이다. 질투는 그저 물질적인 소유를 넘어 다른 사람이 가지고 있는 것을 빼앗고 싶도록 만든다는 데서 탐욕보다 더 어두운 감정이다.

탐욕스러운 사람들은 공감이라는 개념을 이해하지 못한다. 돌봄, 다른 사람들을 염려하는 마음 등은 그들과 관계가 없다. 그들은 다른 사람들의 감정을 헤아리지 못하고, 다른 사람들에게 고통을 주는 것에 전혀 거리낌이 없다. 이러한 공감 능력 부족과 타인의 생각이나 느낌에 관한 관심 부족, 그리고 일이 잘되지 않았을 때 자신의 행동에 책임지지 않으려는 태도는, 그들을 피하고 싶은 사람으로 만들어 버린다.

탐욕스러운 사람에게 세상은 제로섬 게임(zero sum game)이다. 탐욕스러운 사람들은 파이가 커지면 모두가 이득을 볼 것이라 생각하지 않고 파이를 상수, 즉 정해진 수량으로 생각한다. 그래서 사람들과 나누는 것에 관심이 없다. 그들은 언제나 파이의 가장 큰 부분을 차지하기를 바라고, 만족이라는 것을 모른다. 다른 사람이 손해를 보더라도 자신이 더 많이 받아야 한다고 생각한다. 그들은 자신에게 먹이를 주는 사람의 손까지 먹어 치울 정도의 욕심을 가진 사람들이다.

탐욕스러운 사람들은 다른 사람이 한 일의 공을 가로채는 데 빠른 사람들이다. 그들은 자신이 기여한 부분을 극대화하고, 다른 사람의 공을 최소화하는 데 탁월하다. 그들은 교묘하게 시장을 조작하는 데 뛰어난 사람들이다. 그래서 보기에 매력적일 수 있지만, 자기 주위에 있는 사람들의 공으로 자신의 이기심을 채우려는 그들의 주된 목적을 눈치채는 순간 곁에 남고 싶지 않아진다. 또한 늘 가져가기만 하는 사람들은, 어떤 일을 하든 간에 기쁨을 오래 느끼지 못한다.

단기간의 이익만 생각하는 것은 탐욕의 두 번째 징후이다. 탐욕스러운 사람들은 자신의 즉각적인 필요를 채우는 것을 우선순위로 둔다. 자신의 욕심을 채우기 위해서라면 다른 사람이 어떤 책임을 지게 되든 상관없다. 탐욕적인 사람이 기업의 리더가 되면 기업의 장기적 발전을 위해 투자하거나 직원들에게 나눠줄 수당을 챙기기보다는 자기 자신의 이익을 챙기기에 바쁘다.

마지막으로, 탐욕스러운 사람들은 경계를 잘 유지하지 못한다. 자신의 물질적 욕구를 추구하면서 그들은 한계를 모른다. 그들은 자신이 원하는 것을 얻기 위해서는 사기를 치는 등 도덕적 가치와 윤리를 무시할 것이다. 개인적 이익을 추구하고자 법과 규칙을 무시하거나, 자신을 정당화하기 위해 사회적 합의를 능가할 허점이나 교묘한 방법을 찾는다.

그러나 나는 리더들과 만남을 통해 탐욕스러운 사람도 변화할 수 있음을 알게 되었다. 심각한 실패는 자기 파괴의 과정을 수반하며, 그것은 탐욕적인 사람이 변할 수 있는 계기를 만들어 낸다. 건강 문제나 심각한 관계의 문제는 그들을 탐욕 중독에서 벗어나게 하는 좋은 기회다. 변화의 동기를 마련하기 위해, 탐욕스러운 사람들은 코치나 심리치료사의 도움을 받아서라도 내면을 성찰하고, 그들이 부에 집착하는 무의식적인 근원을 찾아낼 필요가 있다. 그들을 그런 식으로 행동하게 만든 어린 시절의 사건을 다룬다는 뜻이기도 하다. 이 과정에서 해결되지 않은 갈등을 다루고, 억눌린 감정과 분노를 다스리며, 이루지 못한 꿈을 살펴보고, 과잉을 추구하게 하는 다양한 방어기제와 직면하게 될 수도 있다. 그러나 한편으로는 사랑, 정서적 친밀감, 조건 없는 수용, 자기 수용, 만족스러운 풍부한 관계들과 같은 인생의 정말 중요한 것들을 구분해내는 능력 역시 갖추게 된다. 내면을 성찰하는 시간을 갖게 된다면, 자신이 추구해 왔던 물질에 대한 욕구가 절대로 자신에게 만족을 줄 수 없다는 사실을 깨닫게 될 것이다.

탐욕스러운 사람들이 자신에게도 선택의 여지가 있다는 것을 인식하는 것은 매우 중요하다. 어떤 결정을 하기 전에 한발 물러서서 스스로 질문하는 기회가 되기 때문이다. 더 많은 것에 대한 갈망을 무조건 따를 것이 아니라 다른 옵션이 있는지를 자문하는 것이다. 탐욕 증후군에 시달리는 사람들은 자기중심적인 삶에서 이타적인 삶으로 변화하는 방법을 찾음으로써 변화할 수 있다. 친절이 탐욕을 능가한다는 사실을 경험할 필요가 있다. 인간은 베풀 수 있을 때 부자가 될 수 있다는 사실 말이다. 이타적인 삶은 끈기, 인내, 겸손, 용기 그리고 헌신을 요구한다. 그렇게 하지 않으려면, 파벨이 고난에 들어섰던 것처럼 더 많은 대가를 치러야 한다.

나아가 우리가 품어야 할 더 큰 질문은 '우리가 어떻게 물질적인 것에 집착하는 사회를 바꿀 수 있는가?' 하는 것이다. 철학자 쇼펜하우어는 "부(富)는 마치 바닷물과 같다. 마시면 마실수록 더 갈증이 난다."라고 말했다. 만약 우리가 탐욕을 극복하는 방법을 배운다면, 우리는 더 단순하고, 의미 있고, 행복하며, 궁극적으로 풍요로운 인생을 살 수 있을 것이다.

Question

☑ 당신은 다른 사람들의 필요에 대해 생각하는 것을 어려워하는가? 항상 자신의 이익에 사로잡혀 있지 않은가?

☑ 다른 사람들이 당신을 위해 일을 해 주면 당신은 보답하는가? 다른 사람들이 당신을 자기중심적이라고 보지는 않는가?

☑ 당신은 자신이 가진 것이 충분하지 못하다고 느끼고, 무언가 더 원하고 특별한 대접을 받아야 한다고 생각하는가? 당신은 모든 상황에서 최고의 것을 얻어내기 위해 허술한 구석을 찾고 있지 않은가?

☑ 당신은 당신이 하는 모든 것을 제로섬 게임으로 보고 있지 않은가?

☑ 당신은 다른 사람들을 치켜세우기보다 깎아내리는 데에 익숙하지 않은가? 당신은 그러한 일을 그저 기분이 좋아지기 위해 행하는가?

☑ 당신은 단기적 이익을 먼저 생각하고 편한 방법을 추구하는 사람인가? 아니면 더 큰 목표를 위해 어려운 길을 선택할 준비가 되어 있는 사람인가?

5장

슈퍼 리치에 대한 유감
_부자병의 좋지 않은 사례

　　나는 내가 알고 있는 많은 부자 친구들, 즉 극도로 부유한 친구들 중에 물질주의 때문에 고통을 받거나 자신의 부유함으로 인한 피로증후군을 앓는 경우를 많이 보았다. 그들이 가장 많이 보인 증상은 돈, 소유, 신체적인 외모, 사회적인 외모, 명성 등의 추구, 그리고 역설적으로 빈곤에 대한 끝없는 갈망이었다. 회사를 인수하거나 과시적인 소비를 하는 것은 그들을 행복하게 만들 수 없었다. 사실, 그들은 소외감과 깊은 괴로움을 포함한 다양한 심리적 장애를 경험하고 있었다. 부자병의 전형적인 증상은 일 중독, 우울증, 동기부여 부족, 만족을 느끼지 못하고 좌절감을 이겨내지 못하는 현상, 그리고 잘못된 특권 의식 등이 있다.

피터는 아주 성공한 사업가였지만, 인생의 시작은 상서롭지 않았다. 그의 아버지는 피터가 5살 때 가족을 떠났고, 그 이후로 어머니에게 어떠한 금전적인 지원도 해 주지 않았다. 다행히도 만물박사인 그의 외할아버지가 피터에게 관심을 가지고 그에게 사업가적 의지를 북돋아 주었다. 그리하여 피터는 30대 초반에 우리가 흔히 말하는 말도 안 되는 부자가 되었다. 그는 몇 번을 죽었다 깨어나도 다 쓸 수 없을 만큼의 돈을 가지게 되었다. 그리고 그는 돈을 쓰기 시작했다. 그는 집, 자동차, 요트, 그리고 비행기를 사들였다. 하지만 이러한 것들이 그에게는 장난감에 불과했다. 잠시 가지고 논 후에는 흥미를 잃었고, 다시 돈을 쓰기 위해 새로운 것들을 찾기 시작했다. 돈이든, 아니면 돈으로 살 수 있는 그 무엇이든 그를 충족시키지 못했다. 그것은 마치 중독과도 같았다. 그는 충족감을 위해 계속 무언가를 사들였고, 그렇게 하려고 더 많은 돈이 필요했다. 물질에 대한 광적인 추구는 지루함이나 우울증을 가리기 위함일 수 있다. 피터의 경우기 그랬다.

피터에게 여자는 또 하나의 상품에 불과했다. 많은 여자가 재산을 보고 그에게 접근했다. 여러 차례의 불륜 이후에 피터는 그의 아내를 버리고, 훨씬 젊은 여자에게로 갔다. 그의 첫 번째 이혼은 빠르게 이루어졌고, 꽤 많은 돈을 위자료로 지급했다. 이렇게 피터는 세 번의 결혼을 하고 이혼한 후, 결혼은 할 것이 못 된다는 결론을 내렸다. 세 번의 결혼은 그에게 여러 전처와 불행한 그의 아이들을 포함하여 상당한 혼란을 남겼다. 이 모든 것은 그를 더 비참하게 만들었다.

돈은 중요하다. 그렇지 않다고 하는 것은 솔직하지 못한 것이다. 우리는 일상을 영위하기 위해 최소한의 돈이 필요하다. 하지만 피터처럼 돈을 항상 갈망한다면, 돈은 우리에게 짐이 될 수도 있다. 부자병에 걸려 고통받는 사람들은 자신의 수입, 소유, 외모, 그리고 명성 등으로 자신을 정의하지만, 아이러니하게도 그러한 것들이 오히려 그들을 더 비참하게 만들 수 있다. 그들을 둘러싸고 있는 인간관계가 과연 진실한 것인가, 아니면 돈만 보고 기생하는 관계인가? 그들은 자체로 매력적인 사람인가, 아니면 그들이 가진 돈 때문에 매력적으로 보이는 것인가?

나는 돈 중심적인 리더들을 상대해왔고, 어마어마한 부의 어두운 면도 봐왔다. 한번은 어떤 사람이 나에게 진지하게 이러한 질문을 한 적이 있다. "만약에 돈이 동료들의 부러움을 사지도 못하고, 그들에게 두려움을 주지도 못한다면, 돈이 정말 좋은 것일까요?" 돈을 많이 버는 것은 사람들의 부러움을 사기 위한 의도적인 시도일 수도 있다. 하지만 이러한 시도는 마치 투우사의 망토 같아서, 최악의 상황을 유도하는 것일 수도 있다. 왜냐하면, 사람들은 돈을 많이 버는 사람에 대해서는 불쌍히 여기기보다는 질투를 하기 때문이다. 만약 돈이 당신에게 친구를 사 주지 못한다면, 아마 돈은 당신에게 더 강력한 적을 만들어 줄 것이다.

매년 발행되는 〈포브스 Forbs〉지의 '세계에서 가장 부유한 사람들'에 이름을 올린다면, 그 재산의 숫자가 클수록 다른 사람들의 이목을 끌 것이다. 나르시시스트들의 종착역이라고 할 수 있는 이 리스트에 이름을 올린다는 것만으로 다른 사람들의 숭배나 부러움을 받을 수 있다. 많은 슈퍼 리치들에게 이 포브스 리스트에 오르는 것은 도전이다. 일부는 순위가 떨어지거나 이름을 올리지 못하는 것을 개인적 재앙으로 여기며 자신을 스스로 고문한다. 결국, 세상에 단 한 사람을 제외한 모든 사람에게는 늘 자신보다 더 높은 순위의 사람이 있게 되는 것이다. 1위에 오를지라도 만족은 제한적이다. 누구도 그곳에 영원에 머물 수는 없기 때문이다. 이것이 이 리스트가 매년 바뀌는 이유이기도 하다.

우리는 가난한 환경에서 자라는 것이 아이들의 신체적, 그리고 심리적 발달에 영향을 끼친다는 것을 안다. 하지만 내가 말했던 것처럼, 엄청나게 부유한 환경에서 자라는 것 또한 아이들의 건강한 성장에 악영향을 끼칠 수 있다. 전형적인 시나리오는 부를 취득하고 관리하기에 바쁜 슈퍼 리치 부모가 자신들이 아이들을 돌보지 못하는 보상을 하기 위해 선물과 돈을 제공하는 것이다. 아이들에게는 본질적으로 돈이 사랑을 대신하게 된다. 하지만 아이들에게는 선물보다는 부모의 존재, 즉 함께하는 시간이 더 필요하다. 이런 환경에서 자라는 아이들은 양육자에 대해서 양분된 감정을 가지게 된다. 든든한 감정적인 기반이 있지 않은 한 아이들은 양육자들이 자신에 대해 진심으로 신경을 쓰는지 끊임없이 의심하게 된다. '사랑해서라기보다는 그저 부자이기 때문에 돈을 쓰는 것이 아닌가?' 하는 생각이다. 이는 성인기까지 지속하며 우울증과 불안감을 남긴다.

또 다른 문제점은 사람들이 부잣집 아이들을 다루기가 어렵다는 것이다. 부유한 아이들은 자신과 다른 세계의 사람들이 대체 어떻게 사는지를 알지 못하기 때문이다. 현실 세계에 대한 무지와 다른 사람들이 그들을 대하는 것을 어려워한다는 이 두 가지 요소는 진지한 관계를 만드는 것을 더욱 어렵게 한다. 대부분의 사람은 비틀즈의 "돈으로는 사랑을 살 수 없어요(Can't buy me love)."라는 노래의 가사에 동의하지만, 어떤 부잣집 아이들은 실제로 사랑을 돈으로 사려고 든다.

하지만 차고에 고급 차들이 가득하고, 엄청난 재산을 가졌음에도 세 번이나 이혼하고 가족을 포기한 피터의 경우는 어떠한가? 어떻게 하면 그를 아무리 돈을 써도 해결하지 못한 탐욕과 불만족의 순환에서 벗어나게 할 수 있겠는가? 어떻게 하면 그의 행동을 고칠 수 있겠는가? 피터는 어린 시절의 경험으로 인해 돈을 많이 버는 것이 자유를 향한 길이라고 생각했지만, 역설적으로 그것은 피터를 탐욕의 노예로 만들어 버렸다. 그리고 인생의 본질적인 것들을 모두 빼앗아 버렸다. 사람들과 관계를 맺고 정서적이고 심리적인 건강을 신경 쓰는 대신, 그는 별로 필요하지 않은 물건을 사고, 그가 별로 신경 쓰지 않는 사람들에게 깊은 인상을 남기기 위해 늦게까지 사무실에 남아서 자신이 싫어하는 일을 하였다.

피터는 부자병의 유일한 치료제가 다른 사람들에게 베푸는 삶이라는 것을 알아야 했다. 궁극적으로 우리를 행복하게 해주는 것은 우리가 얼마나 가졌는가가 아니라 우리가 어떤 일을 했느냐 하는 것이기 때문이다. 만약 그가 자신의 초점과 생각을 바꿔서 자신을 위해서가 아닌 다른 사람들을 위해서 무엇을 할 수 있을지를 생각했다면, 그의 삶의 질은 점차 향상될 것이다. 매우 부유한 사람으로서, 이러한 초점의 변화는 상당한 이타주의를 동반할 수 있다. 그는 진정한 변화를 만들 수 있는 수단을 가지고 있었다.

이타적인 행동들은 우리의 정서적인 건강에 좋고, 마음의 평안을 가져오는 데 도움을 준다고 많은 연구 결과들은 말하고 있다. 규모가 크든 작든 이타적인 행동들은 우리에게 성취감을 느낄 수 있게 하고 더 큰 만족을 안겨 준다. 좋은 행동을 하는 것과 기분이 좋아지는 것에는 큰 연관성이 있다. 누군가를 돕는 것은 우리의 정신적, 신체적 건강에 큰 도움이 된다. 우리가 누군가를 도와주면 그 사람은 우리를 더 친근하게 느끼고, 우리 또한 그들을 더 친근하게 느끼게 된다.

역사상 손꼽히는 좋은 영화 중 하나로 평가받는 〈시민 캐인(Citizen Kane)〉은, 엄청난 부자이며 미국 언론의 큰손인 윌리엄 랜돌프 허스트(William Randolph Hearst)를 모티브로 한 주인공 '캐인'의 이야기를 다루었다. 영화는 캐인의 엄청난 성공에 이은 몰락을 보여준다. 그는 어마어마한 부를 과시하는 대저택에서 "로즈버드(Rosebud)"라는 말을 중얼거리며 홀로 죽어간다. 영화는 한 기자가 그 말의 의미를 찾아가는 과정이다. 우리는 영화의 끝에서 그가 마지막까지 잊지 못하는 것은 엄청난 재산이 아니라 어린 시절의 기억이었음을 보여준다. 로즈버드는 어린 시절, 자신의 의지와는 상관없이 엄마에 의해서 학교에 보내지던 날 탔던 썰매의 이름이었다. 그것이 다른 유물들과 함께 불타는 장면으로 영화는 끝이 난다.

운이 따라준다면 피터는 캐인처럼 되지 않을 수 있다. 너무 늦기 전에 그의 불행에 치른 대가를 알아차린다면 말이다. 그렇게 우정, 가족애, 작은 일에서 찾을 수 있는 인생의 즐거움과 같이 만져지지 않는 것들의 가치를 배우게 되고, 다른 사람들에게 베푸는 삶을 통해 진정한 만족을 느끼게 된다면 피터는 훨씬 만족스러운 삶을 살 수 있을 것이다.

Question

☑ 당신에게는 눈에 보이는 것(명성, 돈, 소유물)들이 매우 중요한가?

☑ 무언가를 소유하는 것이 당신을 우울에서 벗어나게 하는가? 그러한 물건들이 당신의 기분을 순간적으로 더 나아지게 해 주는가?

☑ 당신은 당신이 가진 것이 결코 충분하지 못하다고 느끼는가? 당신은 항상 무언가를 더 원하는가?

☑ 당신은 생활 방식을 바꾸는 것을 생각해 본 적이 있는가? 당신은 물질적인 것 이외에 다른 것으로 당신의 기분을 좋게 할 방법을 찾아본 적이 있는가?

☑ 당신은 더 많은 것이 반드시 좋은 것은 아니라는 사실을 받아들일 수 있는가?

☑ 당신은 자신에게 돈을 쓰는 것이 아니라 다른 사람들에게 무언가 돌려주고 도움을 주려고 노력한 적이 있는가?

6장

그건 내 잘못이 아니야
_현실 부정의 문제점

 스티브는 상사이자 회사의 사장인 톰에게 IT 책임자를 해고한 것은 심각한 실수였음을 말해야겠다고 마음먹었다. 그러나 동시에 그것은 시간 낭비라는 것을 깨달았다. 톰이 자신이 회사에 많은 비용이 들고 파괴적인 영향을 끼치는 결정을 했다는 사실을 받아들일 리 없었기 때문이다.

 사장의 잘못된 결정은 회사에 엄청난 혼돈을 가져왔다. 부서에서 가장 유능한 사람들이 회사를 떠나고, 그로 인해 회사의 주요한 업무들이 일시적으로 중단되었다. 하지만 톰은 자신이 잘못된 결정을 내렸다는 사실을 계속 회피했다. 회사의 모든 사람이 IT 부서에 문제가 있다는 것을 알았지만, 동시에 그러한 문제가 IT 책임자의 문제가 아니라는 것 또한 알고 있었다. 문제는 톰이 데려온 컨설팅 회사로부터 시작되었다. 하지만 톰은 스티브의 말을 들으려 하지 않았고, 계속되는 여파에도 불구하고 자신이 옳은 선택을 했다고 버티고 있었다. 톰의 말에 따르면, IT 책임자는 자신의 업무를 제대로 수행한 적이 없으며, 그를 더 빨리 해고했어야 했다. 그리고 스티브가 회사가 거의 적자 상태라고 지적했을 때, 그가 현실을 과장하고 있다고 말했다. 톰은 스티브가 IT 책임자를 회사에 소개하지 말았어야 했다고 말했다.

스티브는 이 사태를 통해 톰의 행동에 패턴이 있음을 확신하게 되었다. 톰은 자주 명백히 잘못된 결정을 내렸는데, 사실이 드러났을 때 모든 책임을 부정했다. 최근 두 사람은 환경오염에 대해 치열하게 논쟁을 벌였다. 그들의 공장 중 하나가 대기를 오염시키고 사람에게 유해한 메탄, 암모니아, 그리고 다른 많은 유독성 물질을 내뿜고 있었기 때문이다. 스티브는 지금이 이러한 문제를 처리하기 가장 좋은 시기라고 생각했지만, 톰은 그럴 생각이 전혀 없었다. 그는 회사의 공장이 지구 온난화를 더 악화시킨다는 과학적인 증거가 없다는 의견을 굽히지 않았다. 그 사이에 이 회사의 환경 문제에 대한 안 좋은 기록들이 미디어를 통해 광범위하게 보도되었고, 이는 회사의 평판에 큰 타격을 입혔다.

결국 톰은 특별이사회에서 현실부정을 반복한 대가를 치르게 되었다. 이사회의 안건은 IT 책임자 사건이었지만, 오염 물질과 관련한 부정적인 언론 보도가 정점을 이룰 때 열렸으므로 톰은 이에 대한 책임을 피할 수 없었다. 이사회의 모든 참석자는 만장일치로 불신임동의안을 통과시켰고, 톰에게 선택권 없는 사임을 요청하였다. 이후 발언의 기회를 주자, 그는 이사진이 인격 살인을 즐기고 있다고 비난하였다. 그는 자신이 완전히 부당한 대우를 받아왔으며, 자신은 항상 올바른 결정을 했다고 주장했다.

우리는 삶의 곳곳에서 현실을 부정하는 사람들을 만나게 된다. 《옥스퍼드 영어사전》에 따르면, 현실을 부정하는 사람들은 모두가 동의하는 과학적이거나 역사적인 개념이나 문제에 대해 받아들이기를 거부하는 경향이 있다고 한다. 이러한 사람들의 그룹에는 창조론자(진화론을 받아들이기를 거부), 유대인 학살을 부정하는 사람들(유대인을 학살했던 캠프 같은 것은 없다고 주장), 담배 회사의 사장들(흡연과 폐암에 걸리는 것은 무관하다고 주장), 전 남아프리카 공화국의 대통령인 타보 음베키의 에이즈 치료에 대한 회의론(항레트로바이러스 약은 효과가 없다고 주장), 은행의 CEO들(불법 주식거래가 진행되는지 몰랐다고 주장), 로마 가톨릭 교회(사제 중에는 소아성애자가 없다고 주장), 그리고 기후 변화를 부정하는 사람들(기후 변화는 인간의 활동과 아무런 관련이 없다고 주장)이 포함되어 있다.

무엇이 이들에게 현실을 부정하게 만들고, 확실하게 검증된 사실들에 반대되는 신념이나 사상을 고집하게 만드는 것일까? 무엇이 그들로 하여금 현실을 외면하게 만들까? 범인은 그들 마음속에 뿌리 깊게 자리한 단단한 방어기제다.

방어기제는 불안이나 갈등으로부터 우리의 심리적 안정감을 보호하기 위한 인지적·정서적 과정이며, 예기치 않은 혼란스러운 상황에서 나타난다. '부정'은 가장 보편적이고 자동적인 인간의 방어기제이다. 짧은 기간의 부정은 우리에게 무의식적으로 고통스러운 정보를 처리할 수 있는 정신적 여유를 주기 때문에 도움이 된다. 하지만 부정이 길어지면 이 자체가 힘든 일이 되고, 부정을 하기 위해 너무 많은 정신적 노력을 해야만 한다. 이것은 사람들이 왜 확실한 증거를 보고도 그들의 마음을 바꾸기를 거부하는지에 대한 이유일 뿐만 아니라, 미련해 보일 정도로 자신이 옳다는 것을 증명해 보이기 위해 할 수 있는 모든 시도를 다 해 보이는 이유이기도 하다.

중독, 정신건강 문제, 그리고 인간관계 문제 등 개인적 수준의 현실부정은 일상적이지만 보편적, 사회적 맥락에서 더 큰 규모의 현실부정을 찾아볼 수 있다. 더 큰 규모의 부정주의가 생기는 이유는 진실보다는 대안적인 이념, 정치, 종교적 독단 등을 믿게 되는 경향성 때문이다. 또 다른 원인은 한 사회의 역사에서 수치스러운 사건이나 트라우마를 거부하고 싶은 데서 온다. 예로는, 터키 정부가 오스만제국 하에서의 아르메니아인 집단학살을 부정하는 것, 일본 정부의 제2차 세계대전에서의 위안부 존재에 대한 부정, 미국 정부의 총기 규제 도입 거부, 그리고 몇몇 사회의 인종차별에 대한 현실부정 등을 들 수 있다.

톰의 경우, 우리는 그가 이미 해고된 상태에서도 자신을 보호하기 위해 회사에서 일어난 일에 대한 진실을 부정하고 있다는 가설을 세울 수 있다. 그는 계속해서 IT 책임자 해고 사건에 대한 책임을 회피하고, 환경 오염을 부정하였으며, 회사의 문제들을 자신의 통제를 벗어난 다른 세력들의 탓으로 돌리기를 멈추지 않았다. 그는 다른 사람을 의심하는 것과, 음모를 꾸민 사람들이 있다고 믿는 두 가지 반응으로 '해고'라는 현실을 부정하였다.

우리는 어떤 방법으로 인간의 정신에 깊게 자리 잡은 현실부정과 마주해야 할까? 우리는 현실부정과 진심을 식별할 수 있을까? 그리고 현실부정을 하는 사람들을 어떻게 대하고 판단해야 할까? 사회적 차원에서는 마법적 사고방식을 바꾸기 어렵다. 때때로 찾아오는 심각한 위기만이 현실부정을 하는 사람들을 환상에서 깨어나도록 흔들 수 있다. 톰의 이야기에서 지구 온난화보다는 개인적 수준의 현실부정을 다루는 것이 좀 더 간단하고 덜 극적인 과정일 것이다.

첫 단계는 이 방어기제가 작동하는 시점을 인식하는 것이다. 일

련의 해로운 관계들, 중독적인 행동의 부작용 등과 같은 부정적인 경험들이 반복될 때가 바로 그 시점이다. 그러나 현실부정자들이 이것을 인식하기는 어렵다. 그들의 정체성과 관련이 있기 때문이다. 현실부정은 사람들이 온전한 정신 상태를 유지하고 자신의 온전한 세계관을 지키기 위해 고안된 적응적이고 창의적인 전략이다. 그러므로 우리가 이러한 인지체계를 바꾸려고 할 때, 우리는 강한 감정적 반발을 하게 된다. 특히, 자신이 처한 현실을 좋아하지 않는 사람이라면 이러한 반발은 더 강해진다.

　현실부정을 하는 사람들에게 현실을 직면하게 하는 것은 오히려 그들의 방어체계를 더 강화하는 일이다. 대신에 우리는 작은 펀치를 계속 날려야 한다. 진정한 영향을 주기 위해서는 상당한 심리적 겨루기를 할 수밖에 없다. 온화하고 개방적인 질문을 사용하거나, 툭 찔러 보는 것으로, 특정한 사실들에 대해 다시 생각해 보도록 하거나 불쾌한 현실과 기꺼이 마주하도록 자극할 수 있다. 하지만 현실부정을 하는 사람들이 부정의 길에서 벗어나려면, 무엇보다 그들 스스로 그것을 결심해야 한다. 현실을 마주하는 그들의 자발적인 선택이 필요하다.

　가장 좋은 방법은 현실을 부정하는 행동이 처음 나타났을 때 미리 예방하는 것이다. 좋은 방법의 하나는, 나와 다른 시각을 가지고 나의 의견이나 생각들에 이의를 제기할 수 있는 사람들을 주변에 두는 것이다. 나와 생각이 비슷한 사람들과만 어울리려고 해서는 안 된다. 우리는 모두 때때로 악마의 옹호자가 필요하다. 그러나 톰과 같은 유형의 사람들이 이러한 도전을 수용할지는 논쟁의 여지가 있다.

Question

☑ 당신은 진실을 가리는 음모론을 쉽게 믿는가?

☑ 당신은 때때로 자신을 사악한 의제들을 퍼뜨리는 부패한 지도층과 싸우는 약자라고 생각하는가?

☑ 사람들은 당신을 무언가를 증명하기 위해서 유리한 정보만 골라서 사용하는 얌체족(체리피커)이라고 말하는가? 그들은 당신이 사실보다는 만들어 낸 이야기를 선호한다고 주장하는가?

☑ 당신은 불편한 현실과 직면하면, 그러한 상황을 왜곡하는가?

☑ 당신은 자신과 반대되는 의견을 가진 사람과 대화할 때, 당신의 생각을 재고해 볼 준비가 되어 있는가?

☑ 당신은 특정한 관점에 매달려 자신의 의견을 바꾸지 않으려고 하는 이유에 대해 들여다보고, 그러한 행동의 근본적인 원인을 찾을 준비가 되어 있는가?

7장

정상으로 살긴 힘들어
_정신 건강 문제

    정신 건강에서 '정상'이라는 말은 어떤 것을 의미하는가? 정상적인 사람들이 하는 일을 하고 있다면 그것은 정상이라는 근거가 될 수 있는가? 우리는 정상을 추구해야 하는가? 정상이라고 느끼지 않는 것이 정상인가? 우리가 다른 사람들과 다르다는 것을 깨달을 때 이것은 정상일까?

    '정상'이라는 것은 주관적이고 상대적인 개념이다. 어떤 사람에게 정상으로 보이는 것이 다른 사람에게는 정상과 거리가 멀어 보이기도 한다. 반대로, 어떤 사람의 비정상적인 것이 다른 사람에게는 지극히 정상으로 느껴질 수도 있다. 한편, 나는 어떤 사람이 이렇게 말하는 것을 들은 적이 있다. "나는 정상적으로 행동하지 않

아. 사람들이 나에게 기대하는 바가 있기 때문이지." 그녀에게 정상이란 어떤 의미일까?

'정상'이라는 것은 정신과 의사들의 안내서인 정신장애 진단 및 통계 편람(Diagnostic and Statistical Manual of the Mental Disorder(DSM-V))에 나오는 전형적인 행동들을 보이는 이들을 뜻하는가? 정상이라는 통계적 기준이 존재하는가? 정상인이라는 것은 그저 평균이라는 뜻인가?

나는 오히려 반대로 생각한다. 오랜 경험으로 알게 되었듯이, 우리가 어떤 사람을 잘 알기 전까지는 그 사람은 정상인 사람이다. 정상이라는 것은 비극적이지만 않으면 종종 특이한 것을 숨겨 준다. 우리는 모두 조금씩은 정상이 아니다. 때때로 나는 정상적인 사람들이 모든 사람들 중에 가장 독특한 사람이라고 생각했다.

일상적인 상황에서, 사람들은 자신이 암묵적으로 정상적 행동이라고 생각하는 기준에 따라 다른 사람이 정상인지를 판단한다. 정상이 되는 것이 목표라면, 당신은 정상인 사람들이 어떻게 행동해야 하는지 알아야 한다. 하지만 사실 정상이라는 것은 없다. 다른 말로 하면, 정상은 우리가 삶을 살아가는 엉망이고 일관적이지 않은 방식이다.

이 수수께끼를 다른 쪽으로 접근하여, '무엇이 비정상인가?'를 질문해 보자. 우리는 각자 내면에 정상에 대한 정의를 가지고 있다. 그러나 그 개념은 늘 도전을 받는다. 한때 정상이라고 생각했던 것들이 갑자기 비정상적으로 느껴질 수도 있다는 것이다. 우리는 자연스럽게 외부 세계와 우리의 내면 사이에서 인지적, 정서적 조화를 추구한다. 그것이 불일치되는 부분을 발견하면 적응하려고 노력하거나, 또는 비정상적이라고 생각하는 부분을 거부한다. 이처럼 자기 자신이 설정한 '정상'이라는 기준은 여러 가지 심리적 문제를 초래할 수 있다.

직업의 세계에 적응하려는 행동도 예외가 아니다. 대부분의 사람들은 조직 내에서 정상으로 보이고자 하며, 고위직 임원일수록 더욱 그렇다. 그들은 매우 주목받는 위치에 있다. 그들은 다른 사람들이 자신이 가지고 있는 내면의 이상한 삶의 모습들을 보지 않기를 원한다.

카린은 자신이 일하는 회사에 잘 맞추기 위해 의식적으로 노력해온 고위직 임원이다. 그녀의 첫인상은 정상적인 결혼 생활을 하고, 교외 지역에서 정상인 삶을 살고, 정상적으로 일하는 사람이었다. 하지만 밤이 되면 상황이 달라졌다. 그녀는 두 개의 다른 인격체를 가진 듯했다. 그녀는, 겉으로는 고요하고 우아한 백조 같았지만 물 아래에서는 환상을 유지하기 위해 미친 듯이 발차기를 하는 미운 오리 새끼 같았다.

정상으로 보이기 위해, 그녀는 자신에 대한 의혹을 숨기려고 애

썼다. 회사에서 그녀는 여느 프라이빗 뱅커(금융자산 관리자)들과 같이 이탈리아 명품을 입었다. 하지만 회사 밖에서는 치명적인 락스타 같았다. 그녀는 몸에 붙는 청바지와 티셔츠, 그리고 가죽 재킷을 선호했다. 그녀는 마리화나를 피웠고, 어디에 있든 그 지역의 잘 나가는 바에서 남자나 여자를 유혹하며 시간을 보냈다. 마치 스스로 최면상태에 빠진 것 같이 그녀는 두 개의 삶을 살고 있었다.

예상대로, 이 두 가지 버전의 '정상'을 곡예하듯 오가는 삶은 카린을 매우 힘들게 했다. 그녀는 심리적 붕괴에 이르기 직전이었다. 두 모습은 카린의 내적인 삶에서 오버랩이 되어 드러났다. 그녀는 능력 있고 열정적으로 일하는 은행가였으며, 그녀의 능력들은 위험을 즐기는 그녀의 불안함에 기반을 두고 있었다. 하지만 그녀는 스스로 이런 사실을 인정할 수 없었다. 이러한 두 자아는 그녀의 내면세계에서 우위를 차지하기 위해 서로 싸우고 있었다.

카린의 결혼 생활은, 문자메시지 한 통으로 인해 타격을 입었다. 그녀가 한 남자에게 보낸 "좋은 밤이었어요. 나중에 또 봐요."라는 메시지를 남편이 발견한 것이다. 카린은 죄책감을 느꼈지만, 남편에게 그 문자를 보낸 사람이 누구인지 모른다고, 무슨 일인지 모르겠다고 하며 화를 냈다. 1주일 뒤 그녀는 혼자 다른 아파트로 이사했다. 그녀는 우울해졌고, 자신의 일을 제대로 하기 위해 애를 썼다. 그녀의 약점을 본 직장 동료들은 그녀로부터 등을 돌렸고, 성과에 대한 혹독한 평가 끝에 카린은 해고되었다. 그날 밤 그녀는 침대 위에 정장과 가죽 재킷을 놓고, 어떤 모습이 진짜 자신인지 고민했다. 그녀는 어떤 모습이 정상이고 비정상인지 찾아야 할 필요성을 느끼고, 모든 것을 바로잡기로 결심했다. 카린은 치료사에게 상담을 받으며 뒤틀린 인생을 풀어 나가기로 결정했다.

꽤 긴 과정이었다. 고통스럽기도 했지만 카린의 호기심 많고 위험을 무릅쓰는 페르소나에 어필하는 흥미로운 과정이기도 했다. 그녀는 심리치료사에게 말했다 "저는 제 인생에서 가장 흥미로운 사람을 만나고 있음을 느껴요. 그건 바로 저예요."

시간이 흐르면서 카린은 그녀의 일과 사랑 모두에서 정상적으로 느껴지는 새로운 인생을 만들어 가고 있다. 그녀의 어두운 면은, 작은 투자은행에서 새로운 일을 시작함으로써 창조적 에너지로 변환되었다. 대부분이 남성인 그녀의 직장 동료들과 견주었을 때 '정상'이 된다는 것은 언제나 모호한 개념이었으나, 지금은 그녀의 살짝 '다름'이 사실은 그녀의 자산이라는 것을 알게 되었다. 또 별거 중인 남편과는 한 달에 몇 번씩 저녁 식사를 같이 하게 되었다. 그들은 친구관계에서 다시 시작하기로 하고 다시 만나고 있다.

다시 내가 처음에 했던 질문으로 돌아오면, '정상'이라는 것은 무엇인가? 이 질문에 대해 가장 좋은 답변은 스스로가 알아내야 한다. 하지만 스스로 '정상'에 대한 정의를 내리지 못했어도, 정해진 공식은 없으나 건강한 사람들에게는 공통된 특징들이 있음을 알 수 있다. 여기에는 원초적 방어기제가 아닌 안정된 정체성, 현실을 직시하는 능력, 그리고 분별력 등이 포함된다. 예를 들어, 책임을 면하려고 다른 사람들을 비난하기보다는 자신의 행동에 책임을 지는 행동이다. 건강한 사람들은 인간이 가진 감정 전체를 경험하고 탐색하는 것을 두려워하지 않으며, 불안함을 어떻게 관리해야 하는지를 안다. 무엇보다 중요한 것은, 정상적인 사람은 친밀하고 성적으로 만족스러운 관계를 형성하고 유지할 수 있다는 사실이다. 그들은 도움과 조언을 받아들인다. 또 창의적이며 놀 줄 안다. 그들은 자신의 행동을 되돌아볼 줄 알고, 그러한 행동이 자신의 이상과 가치에 어떻게 작용하는지 알고 있다.

그럼 다음 질문은, '어떻게 하면 이런 정신건강을 가질 수 있는가?'이다. 리더십 코치와 심리치료사들은 자신의 목표와 원동력을 다시 평가해보라고 권한다. 그리고 스스로 강점과 약점에 대해 평가해보라고 말한다. 그렇게 자신을 파괴하는 행동을 하는 원인을 깨달을 수 있다. 이런 과정을 통해서 자신을 알아 가는 것이 자신을 고통스럽게 하는 것들로부터 도망치는 것보다 훨씬 흥미롭다는 사실을 알 수 있다. 카린과 같이 말이다.

Question

☑ 당신에게 '정상'과 '비정상'은 어떤 의미인가?

☑ 당신에게 '정상'이라는 것은 특별하지 않고 다른 사람들과 같은 '평균'적인 것인가?

☑ 당신은 '비정상'을 나쁘게 보는가? 당신은 적응하며 사는 것을 좋아하거나 선호하는가?

☑ 당신은 자신에게 문제가 있다는 것을 느끼면 살아가는가?

☑ 당신은 일하는 환경, 집, 학교생활, 그리고 관계 등을 포함한 당신의 삶에 안 좋은 영향을 주는 상황을 경험하고 있는가?

☑ 당신은 누군가가 당신과 다른 행동을 하는 것을 잘 견디는가? 어떤 비정상적인 행동들이 당신에게 용납되지 않는가?

☑ 당신에게 '정상'이라는 것은 말하고 행동하는 것이 당신의 기준에서 정상인 것을 가리키는가, 아니면 사회적인 기준에서 정상인 것을 가리키는가?

8장

M&A 형편없는 게임
_지루함을 격파하다

　노린은 아직 무엇이 잘못되었는지를 다시 생각하는 중이었다. 2년 전 그 거래는 아주 유망해 보였다. 그런데 왜 좋은 결과를 내지 못했을까? 몇 번에 걸쳐서 노린은 그 합병이 두 회사 모두의 고객과 주주들에게 새로운 가치를 만들어낼 것이라고 강조했었다. 그리고 경쟁력과 시장에서의 파워를 증가시켜 줄 거라고도 말했다. 그것은 모두에게 좋은 것이었으며, 시너지를 내는 일이었다.

　하지만 이제는 좀 고통스럽더라도 솔직해질 때다. 사실 노린이 합병을 밀어붙인 데는 말 못 할 이유가 있었다는 것을 고백해야만 했다. 아주 명망 있는 투자은행들이 그녀에게 접근하여 이 협상의 가능성을 이야기할 때 그녀는 취약한 상태였다. 그녀는 일상적인 업무에 지루함을 느끼던 중이었다. 그런데 합병 협상에 들어가면서 그녀는 다시금 살아 있다고 느끼게 되었다. 그녀가 데려온 컨설팅 회사 역시 그 합병이 대단한 기회이며, 만일 이 기회를 놓친다면 다른 회사가 움직일 것이라고 경고했다. 기회를 잃어버릴 거라는 생각이 들자 노린은 불안했다. 분명 먹히는 것보다는 먹는 것이 나았다.

과정은 쉽지 않았다. 상대편 회사는 세상에 동등한 합병은 없다며 이 사안에 반대했다. 하지만 그녀는 노련했다. 협상을 마무리하기 위해 상당한 강압과 큰돈을 쏟아부으며 밀어붙였다. 결국 일은 마무리되었고, 노린은 합병을 통해 이 분야에서 유례없이 큰 회사를 만들어 냈다는 데에 자부심을 느꼈다.

하지만 오래 지나지 않아 여기저기서 문제가 발생했다. 컨설팅 회사의 분석은 비현실적인 것으로 드러났고, 그들의 가정 가운데 많은 부분이 결함투성이였다. 기대했던 경제적 효과는 나타나지 않았다. 뒤늦게 그녀는 자신이 반대 측면에서는 생각조차 하지 않았음을 깨달았다. 그녀가 간과한 것이 있었다. 합병 계약서를 쓰는 행위가 이 일에서 가장 쉬운 과제라는 점이었다. 본격적인 일은 그 다음이었다. 두 회사가 합병 협약을 맺은 뒤의 액션에 대한 계획이 전혀 없었기 때문에 노린은 여기저기서 발생하는 문제에 허둥대고 있었다.

노린이 합병을 통해 기대했던 효과가 부풀려져 있었다는 사실
은 너무나 명백했다. 지나친 과장과 예측이 있었고, 반향에 대해
충분히 고려하지 못했다. 물론 지속적인 인원 감축으로 약간의 비
용 절감은 있었다. 하지만 회사의 사기는 창사 이래 최저 수준이었
다. 물론, 모든 사람이 불행한 것은 아니었다. 제법 많은 사람이 합
병을 통해 이익을 챙겼다. 투자은행과 컨설팅 회사와 변호사들이
그랬다. 하지만 그들의 관심은 다른 데에 있었다. 즉, 거래를 성사
시킴으로 얻게 되는 금전적인 이득에만 관심이 있었고, 나중에 일
어날 효과에 대해서는 무관심했다. 사실 합병이 마무리되었을 때
노린이 받은 수익성 높은 금융 패키지를 생각하면 얻은 것이 전혀
없는 게임은 아니었다. 그러나 주식은 창사 이래 최저가를 기록했
다. 주주들은 가만히 있지 않았고, 그녀가 형편없는 협상을 한 것
을 비난하기 시작했다. 이는 그녀가 자리를 보전할 수 있을지에 대
한 걱정을 하게 만들었다. '두 회사의 합병은 정말 가치 있는 일일
까?' 노린은 의문을 가졌다.

　노린의 걱정에는 충분한 이유가 있다. 통상 50~80%의 합병은
주주 가치를 만들어 내지 못하는 것으로 평가된다. 대다수의 합병
은 실패라는 뜻이다. 특히 초대형 협상은 대부분 실패한다. 두 회
사의 합병은 하나의 더 큰 위태로운 회사를 만들 뿐이다. 대부분의
협상은 문서 상으로는 대단히 좋아 보이지만, 협상 과정에서 일어

나는 흥분 탓에 사람들은 후에 일어날 어려움을 잊는다. 이런 형편 없는 전례를 볼 때, 도대체 이런 협상을 왜 하는지 되묻게 된다.

인수 합병 게임에 따라붙는 주요 설명 중 하나는 '탐욕'이다. 언제나 이런 협상을 통해서 단기 이익을 내는 사람들은 있게 마련이다. 그들은 합병 이후 분사, 기업 분할, 기업 청산 등을 통해서 계속 돈을 벌 수 있다. 이런 종류의 사람들은 인수 합병의 효과라는 것이 결국 고용 축소를 통한 비용 절감의 다른 말이라는 사실에 전혀 신경을 쓰지 않는다. 이런 일을 통해서 일어나는 개인적, 사회적 비용은 그들에게는 전혀 걱정거리가 아니다. 더욱이 합병은 오래된 비즈니스 모델을 다시 고치는 것보다 더 매력적인 대안으로 여겨진다. 합병 협상을 하는 것은 회사가 실수를 덮고 조직적으로 성장하는 가장 빠른 길이기도 하다.

성공적으로 협상을 이끄는 일이 매력적인 이유는 두 가지다. 하나는 자존심, 다른 하나는 지루함이다. 누구나 동네에서 가장 힘이 센 사람이 되고 싶어 한다. 그리고 지루한 일상은 견디기 힘들다. 협상은 매우 다이내믹한 일이면서도 성공적으로 끝마쳤을 때 힘을 과시할 수 있는 일이다. 노린은 이 두 가지로부터 자유롭지 못했다.

이런 절망적인 통계에도 불구하고 인수 합병을 결정했다면 어떻게 성공 확률을 높일 수 있을까? 합병을 성공적으로 마칠 수 있는 기법이나 과정이 있는가?

　연구 결과에 의하면 같은 분야의 회사들 사이의 합병이 더 낫다. 또한 과거에 합병의 경험이 있는 회사들 간의 인수 합병이 성공 가능성이 더 크다. 말할 필요도 없이 합병에 적대적이기보다는 환영하는 분위기를 가질 때 성공적인 합병의 가능성은 더욱 커진다. 양사의 임원진들이 합병을 믿고 지원해야만 한다. 재정을 이해하는 것 역시 중요하다. 합병이 모든 당사자에게 이익인가? 이것이 그들을 더욱 강하게 하고 시장에서 경쟁력 있게 만들어 주는가?

　그리고 재정적인 부분을 넘어서 소프트 데이터도 들여다봐야 한다. 정말 전략적으로 적합한 일인가? 적절한 시기에 감사가 이루어졌는가? 합병이 성사되면 어떤 정체성 문제가 일어날 수 있을까? 승자와 패자로 인식되는 것은 어떻게 관리할 것인가? 이러한 과정들을 다룰 수 있는 충분한 자원이 있는가?

　성공적인 합병을 위해서는 양쪽 회사의 신뢰가 필요하다. 만약 두 회사가 합병을 기꺼이 받아들인다면, 잘 정립된 공동의 비전 아래 성공적인 길을 가게 될 것이다. 이는 더 큰 회사가 아니라 더 좋은 회사를 목표로 하는 것이어야 한다. 두 회사가 상호보완적인 역사와 잘 어울리는 조직 문화를 가질 때 성공은 더욱 가까워진다. 두 회사가 같은 언어를 사용하고 서로의 리더십 철학에 대한 이해와 존중을 하고 있다면 더 좋다.

합병을 결정하면, 빠른 통합 과정에 초점이 맞춰져야 한다. 내 경험에 비추어 보면, 속도가 핵심이다. 불확실성이 길어질수록 조직원들 사이의 불안 지수는 올라간다. 어려운 결정은 공평하고도 신속하게 내려야 한다. 다시 한번 신뢰는 어려운 문제들을 해결하는 요소가 될 것이다. 패자로 인식되는 회사의 직원들이 그들의 품위를 잃지 않게 해 주는 것이 필수적이다. 이는 고위 임원들을 배치하는 데에 공정한 과정이 필요함을 의미한다.

나는 인수합병 사례에서 두 회사의 주요 인력을 포함한 고위 임원 특공대(SWAT) 팀을 만드는 것이 도움이 되는 사례를 목격하였다. 이 팀은 미래의 회사에 대한 꿈, 공동 성과 목표, 보상 체계 그리고 계획된 일정표 등 합병의 근거를 제시하는 워크숍을 통해 직원들을 서로 친밀해지게 하고, 인수 합병 과정에 참여시키기 위한 전환 팀을 배치할 책임이 있다. 이런 통합 활동이 조직 전체에 일어나는 동안 고위 간부들은 모범을 보여야 한다. 그들의 행동이 새로이 생성될 조직의 비전과 가치와 일치해야 함은 물론이다.

두 회사의 합병은 두 사람이 결혼을 지키기 위해 아이를 갖는 것과 재정적으로 비슷하다고 묘사된다. 하지만 결혼 생활이 흔히 그렇듯이, 새로운 회사를 만드는 것이 답이 아닐 수는 있다. 서류상으로 환상적으로 보이더라도, 대부분의 합병 협상은 실제 작업이 시작되면 비틀거리게 된다. 상당한 신뢰, 문화적 어울림, 그리고 관리 자원의 재량권이 있을 때에만 합병은 기회가 된다. 노린의 사례가 보여주듯, 인수자는 시너지(동반 상승효과)의 가능성을 재고할 수 있는 정보의 부족과 선견지명의 치명적 부족을 극복해야만 한다. 노린의 사례가 주는 교훈은, 합병 결정을 내리기 전에 협상 제안자가 장담한 내용들을 아주 꼼꼼히 따져봐야 한다는 것이다. 실제로 합병에 성공하는 확률은 매우 낮기 때문에, 어떤 결정을 내리기 위해서는 생각하고 또 생각해야 한다.

Question

☑ 당신의 조직은 유기적 성장을 얼마나 존중해 왔는가? 당신의 조직은 오래된 비즈니스 모델을 가지고 있는가? 당신의 조직에서는 충분한 혁신이 이루어져 왔는가? 아니면 이것이 걱정을 초래하는가? 당신의 조직은 다른 데로 넘어갈 위기의 상황에 부닥쳤는가?

☑ 고위 임원으로서 당신은 매일 똑같은 일을 하고 있다고 생각하는가? 당신은 자동조종장치를 사용하고 있는 파일럿인가? 당신은 지루한가?

☑ 당신은 협상 제의를 하는 투자은행과 컨설턴트에게 끌리는가? 이것이 당신을 불안하게 하는가?

☑ 당신은 잠재적 인수 합병의 대상이 당신의 조직과 문화적으로 얼마나 어울리는지에 대해 고려하고 있는가?

☑ 당신은 인수 합병 이후 고위직 인선 계획을 하고 있는가? 당신은 당신의 부하직원들을 편애하여, 정복자 신드롬이 생기지 않을까에 대해 신경을 쓰는가?

☑ 당신은 합병 이후 과정의 파장에 대해 생각해 본 적 있는가? 당신은 통합을 촉진시킬 전환 팀을 계획한 적이 있는가?

☑ 통합된 회사를 위한 비전의 소통 전략과 변화 과정의 타임 프레임은 무엇인가?

☑ 당신은 사람들이 합병 이후 해고에 대한 두려움을 느끼는 부분을 어떻게 해결할 계획인가?

9장

팀인가 하렘인가?
_자기중심적인 리더

에드워드는 그가 처한 상황에 정말로 화가 나 있었다. 그는 제법 많은 관리 경력을 가지고 있지만, 회계 분야에서는 이렇다 할 성과를 내지 못했다. 그런데 셰릴 주식회사에서는 그를 회계 분야 임원 자리를 제의했다. 뜻밖의 좋은 소식에 그는 매우 으쓱해졌었다. 그러나 이 기분은 오래가지 않았다. 그의 가까운 동료 역시 거의 비슷한 제안을 받았다는 소식을 들었기 때문이다.

에드워드는 CEO에게 그 문제를 제기했다. 하지만 CEO는 당황하지 않았다. 일은 비슷할 수 있지만 책임지는 영역은 다르다고 했다. 그 말을 듣고 에드워드는 다른 임원들을 좀 더 자세히 관찰했다. 그리고 곧 조직 내에서 분명한 권한을 받지 못한 사람이 그 혼자만이 아니라는 것을 발견했다. 회사 내의 많은 사람이 CEO에게 직접 보고를 하고 있었다. 팀이 두 자릿수 성장을 할 때조차 임원들은 보고하는 데에 시간을 쏟고 있었다. 셰릴 주식회사는 생산적이기보다는 둔한 조직에 가까웠다.

임원 미팅은 더 걱정스러웠다. 회의는 토론이 아니라 정보를 공유하고 결과를 보고하는 자리였다. 안건에 책임을 져야 할 임원은 의사결정의 주체로 나서지 않고 아무런 결정도 내리지 않은 채 허둥거리고 있었다. 임원들의 몸은 회의실에 있지만, 정신은 모두 딴 데에 가 있었다. CEO가 주로 이야기를 하고, 다른 사람들은 듣고 있었다. 말을 해도 CEO가 한 말을 반복할 뿐이었다. 미팅에서는 아무런 일도 일어나지 않았다. 하지만 진실은 달랐다.

대부분의 사람은 진짜 이슈를 가리거나 숨기거나 중간에 이야기를 잘라먹음으로써 교묘하게 논쟁을 피했다. 특히 자원 배분 문제는 끝이 나지 않는 회의 거리였다. 누가 무엇을 가질 것인가에 대한 질문은 모든 미팅에 등장했으며 굉장히 정치적인 차원에서 설명되었다. 모두가 CEO의 관심을 얻기 위해 경쟁했고, 대부분의 의사결정은 최선이 아닌 차선으로 이루어졌다.

하지만, 이렇게 분명한 역기능에도 불구하고(에드워드를 포함한) 누구도 이 회사를 떠나지 않았다. 이유가 무엇일까? 그들이 모두 충분한 월급을 받기 때문일까? 셰릴 주식회사의 임원들은 모두 황금으로 된 수갑을 차고 있는 것일까? 에드워드는 이 상황을 보며 어떤 기억을 떠올렸다.

몇 년 전에, 에드워드는 터키 이스탄불 토카피(Topkapi) 궁전 안에 있는 술탄의 할렘을 방문했다. 왕의 여인들이 머물던 그곳은 '황금 새장'에 비유됐다. 납치당해 황금 새장에 갇힌 여인들은 아주 화려한 곳에서 사는 대신 왕이 원할 때면 언제든 달려가야 했다. 여성들은 얼마든지 자의로 그곳을 떠날 수 있었지만 아무도 그런 선택을 하지 않았다. 그들은 술탄을 움직일 수 있었고, 잠재적으로(언젠가는) 큰 권력을 가질 수 있는 자리에 갈 수도 있었기 때문이다. 에드워드는 셰릴 주식회사가 토카피 궁전과 같다는 생각이 들었다. CEO는 술탄이었고, 임원들은 그의 하렘에 있었다. CEO의 하렘에서 임원들은 더 많은 혜택을 누리고자 정치력을 발휘하고 있었다.

이제 에드워드는 CEO의 리더십 스타일을 분명히 알 수 있었다. CEO는 셰릴 주식회사의 술탄이었다. 그는 누군가가 이런 정치적인 분위기에 질려서 나가면 바로 다른 사람으로 채울 수 있는 임원 풀을 가지고 있었다. 그래서 임원들은 모두 CEO에게 잘 보이기 위해 정보통 임무를 수행하고 있었다. 셰릴 주식회사에서 CEO에게 인정받고 대체 불가능한 임원이 되기 위해서는 다른 팀원들을 깎아내릴 수밖에 없었다. 다른 멤버들의 자리를 불안하고 모호하게 만들어야 CEO의 관심을 받고 살아남았다.

아이러니한 것은 CEO가 팀워크를 매우 중요하게 여기는 사람이라는 점이다. 그는 한 주가 멀다 하고 팀으로 일하는 것에 대한 장점을 다룬 책이나 아티클들을 추천했다. 그는 팀워크의 전도사였다. CEO는 자신을 속이고 있는 것일까? 분명한 것은 그가 임원들을 하렘에 가두고 술탄으로 군림하는 것을 좋아한다는 것이다. 그동안 회사는 이 특이한 조직 설계에 필요 이상의 비용이 들어가고 있는 것을 느끼게 되었다. 모든 회의는 그저 시간 낭비일 뿐이며, 아무도 그렇다고 이야기는 못하고 있지만 팀원들은 소외되고 몰입도가 떨어지는 느낌을 점점 더 강하게 받고 있었다.

이 외에도 불리한 점들이 많다. 임원들은 권력을 찬탈하려는 다른 사람들을 경계하기 위해 에너지를 낭비하게 된다. CEO의 눈치를 보느라 의사결정을 미루고, 실행은 더욱더 느려진다. 하렘 시스템은 유지하는데 돈도 많이 든다. 중복된 포지션의 사람을 여럿 둔다는 것은 곧 임금도 2배 이상 지출함을 의미한다. 더군다나 임원들이 자신의 상황에 대해 의문을 가지지 않을 정도로 충분히 후한 임금을 주느라 낭비는 더욱더 심했다.

그러면 왜 CEO는 애초부터 그러한 구조를 만들었을까? 하렘 스타일의 경영 시스템을 선호하는 리더들은 나르시시스트인 경우가 많다. 그들은 겉보기에 매력적이지만, 본모습은 그렇지 않다. 그들은 자신의 이익을 위해 다른 사람들을 조작하고 착취한다. 나르시시즘을 보이는 리더들은 그를 위해 일하는 모든 사람이 강력한 존경심을 가지고, 그를 위해 눈감고, 질문하지 않고, 순종하기를 원한다. 그들은 관심의 중심에 서길 원하고, 특별하게 대우받기를 원한다. 그래서 "난 자격이 있어."라고 말하며 거만하게 행동한다. 모든 대화를 혼자 지배하고, 자신이 모든 문제에 대한 답을 가지고 있다고 믿는다.

한편 정보를 통제하거나 만족을 모르고 무언가를 계속 요구하는 모습은 그들이 타인의 시선에 예민하다는 증거이다. 누군가 감히 그들을 비난하거나 그들의 행동에 질문을 던진다면 그를 바로 '적'으로 낙인찍는다.

에드워드는 CEO가 만들어 놓은 하렘 안에서 버티는 것이 정말 가치 있는 일일까 진지하게 고민했다. 때로 CEO는 그에게 회사의 비전을 보여주면서 기분 좋은 제안을 했다. 그러나 그 특권을 누리기 위해서는 희생할 것이 너무 많았다.

팀은 모든 문제의 답이 될 수 없다. 높은 성과를 내는 조직을 만드는 만능 키도 아니다. 우리는 많은 연구 결과를 통해 '팀워크'라는 것이 환상에 가깝다는 것을 알 수 있다. 너무 많은 팀들이 시간과 자원을 잡아먹고 있으며, 일부 역기능적인 팀은 조직 전체를 위기로 몰아넣기도 한다.

각각 다른 성격을 가진 개인들을 통합되고 효율적으로 일하는 단위로 변혁시키는 것은 상당한 노력을 요구한다. 좋은 구성원을 찾는 것도 매우 어려운 일이지만 그들이 함께 일하게 한다는 것은 더 극심한 도전이 될 것이다.

너무 많은 조직이 팀을 그저 '있으면 좋을 것 같아서' 만든다. 분명한 목표가 없고 성과를 측정할 준비도 되어 있지 않으며, 일의 경계는 불분명하고 역할과 업무도 제대로 정의되지 않은 경우가 허다하다. 팀 구성원 각자가 자신의 역할에 대한 소명의식이 없다면 형식이 본질을 앞서고 공허한 미사여구가 실질적 업무보다 중요해진다. 셰릴의 경우처럼, 좋은 사람들이 나쁜 시스템 안에 들어가게 된다면, 무엇이 본질이 되는 것일까? 만일 당신이 하렘 스타일의 리더십에 안에 있다면, 그 안에 계속 머무는 것이 좋은지 심각하게 고민해 보아야 한다.

물론, 잘 운영되는 팀은 손해보다는 혜택이 훨씬 많다. 효과적인 팀은 전체 조직에 에너지를 불어넣고, 학습하는 데 기여하고, 협력적인 문화를 만들고, 창의성과 혁신을 자극하고, 그리고 구성원 개인의 생산성을 높여준다. 이렇게 진짜 팀은 매우 강력한 자원이 된다. 그러나 너무나 자기중심적인 리더가 짜 놓은 가짜 팀은 셰릴 주식회사의 하렘과 같이, 구성원들의 재능을 억압하고, 내분을 조장한다.

Question

☑ 당신이 속한 팀은 1점~10점 중 몇 점인가? (1점이 제일 낮은 점수)

☑ 만일 점수가 낮다면, 왜 당신의 팀이 잘 기능하지 못하는지 설명할 수 있는가? 팀이 이름만 팀인가? 왜 그런가?

☑ 점수를 향상하려면 어떤 단계가 필요한가?

☑ 만일 팀의 책임자가 1:1로 사람을 다루기를 선호한다면, 당신은 왜 그렇다고 생각하는가?

☑ 당신의 팀 리더는 구성원 각자가 가진 능력의 최고치를 이끌어내는가?

☑ 당신이 속한 팀 리더의 리더십 스타일을 한마디로 정의할 수 있는가? 왜 그렇게 생각하는가?

10장

그래, 여기까지
_은퇴

제리는 깊은 슬픔을 느끼고 있었다. 그는 인생에서 버려졌다고 느꼈다. 그와 아내는 공통점이 있는 두 사람이 아니라, 그저 공간을 공유하는 타인과 같았다. 성장한 자녀들은 각자의 삶을 살기에 바빴고, 제리는 아내나 그들의 관심, 그리고 손주들과도 연결될 길을 찾지 못할 것처럼 보였다. 그는 삶의 공허감에 대해 끊임없이 생각했다. 예전에는 그렇게도 충만하고 보람 있었던 삶이었는데.

제리는 일 외에 그 어떤 관심사도 없었다. 그는 아주 우울했고, 도움을 받고 싶은 마음도, 희망을 찾을 마음도 없는 사람처럼 보였다. 심지어 건강도 좋지 않았다. 많은 사람에게 그렇듯, 은퇴는 그의 건강에 해로운 영향을 끼치고 있었다.

제리는 최근에 은퇴한 CEO이다. 제리와 같은 사람은 조직 최상층의 지위와 함께 오는 대중적인 인정을 삶에서 매우 중요하게 생각한다. 그들의 삶은 다른 사람들과, 정책, 재정, 그리고 커뮤니티에 영향을 끼치는 큰 권력과 인간으로서 그리고 리더의 역할을 맡은 자로서의 중요성을 계속적으로 확인받는 것에 기반한다.

불행하게도 은퇴와 동시에 이 모든 기반이 사라진다. 불안은 최고의 자리에 올라가는 과정에서 잃어버리거나 희생한 것들 -개인적인 삶, 배우자, 아이들, 친구들과의 좋은 관계, 그리고 회사 밖 관계와 관심사들을 개발하는 것-을 깨닫는 순간 상황은 더 나빠진다. 이것은 많은 최고경영자들이 은퇴를 미루고 가능한 한 오랫동안 현역으로 있고 싶어 하는 이유이기도 하다.

은퇴를 미루게 하는 다른 강력하고 심리적인 이유도 있다. 대개 최고 리더의 지위는 노화가 눈에 띄게 진행될 때 얻게 된다. 거울에 주름진 얼굴이 비칠 때 두려움, 불안, 슬픔, 우울 그리고 분노 등 부정적인 감정의 물결이 나오기 시작한다. 신체적인 퇴보(예전만큼 좋지 않다는 느낌)에 대한 자각은 외적인 매력과 열정을 대신하는 것을 찾도록 자극한다. 누군가에게 -특히 명망 있는 지위의 최고 임원들- 권력은 멋진 용모를 잃어버린 것, 늘어나는 허리둘레, 그리고 스포츠 같은 격렬한 신체활동을 포기하는 것에 대한 효과적인 대체재이다. 미국 국무부 장관이었던 헨리 키신저는 이렇게 말했다. "권력은 정력제이다."

　권력을 포기해야 하는 사람들에게 또 다른 복잡한 사실은, '눈에는 눈'이라는 것으로 더 잘 알려진 '탈리언 복수법'이다. 이 가장 기초적인 정의 시스템은 죄지은 사람은 희생자에게 입힌 상처에 상응하는 벌을 받아야 한다고 선언한다. 즉, '네가 한 것과 같이 그대로 되받을 것'을 명하는 것이다. 리더는 긍정적으로든 부정적으로든 다른 이들의 행복에 영향을 주는 어려운 결정을 내려야만 한다. 무의식적으로 리더들은 기억저장소에 이 모든 결정을 저장하게 된다. 그리고 그 희생자들의 수만큼 보복을 당할 것이라 예상한다. 이것이 그들을 극도로 방어적으로 만들고 은퇴를 미루게 하는 또 다른 요인이 된다.

　일을 자신의 삶 전체의 중심에 둔 최고 임원들에게는 권력의 역학 관계가 바뀌어 새로운 승계자가 나타나고, 조직원들이 그를 따르게 되는 과정을 보는 것이 엄청난 충격이다. 그래서 마치 나이든 사자들처럼 그들은 야망의 사다리를 오르고 있는 후계자들이 더 쫓아오지 못하게 후려갈길 것이다. CEO의 가장 중요한 과업은 '자신의 후계자를 찾아서 그 개자식을 죽여버리는 것'이라는 농담은 사실 뼈가 있다. 그 '개자식'은 퇴임하는 CEO가 간직해온 꿈을 좌초시킬 것이기 때문이다.

　이러한 두려움들은 '유산을 남겨야 한다'라는 생각 때문에 더욱 공고해진다. 내가 이 세상에 없더라도, 나를 떠올릴 만한 무언가를 남기는 것은 죽음을 무력화시키는 유일한 방법이기 때문이다. 그래서 많은 고위 임원들은 후계자가 자신이 오랫동안 쌓아 올린 체계에 대한 존경이 있는지에 대해 끊임없이 질문하고 경계한다.

재정적인 문제로 인해 은퇴를 두려워하는 이들도 많다. 누군가는 은퇴로 인해 지금까지의 삶의 방식을 포기해야 한다. 그래서 삶의 기준을 극적으로 낮출 것을 걱정한다.

불행하게도, 대부분의 회사는 한심할 정도로 은퇴의 심리적인 역동을 이해하려 하지 않고, 은퇴라는 중요한 인생의 변화를 맞이하기 위한 준비를 거의 제공하지 않는다. 그 누구도 리더들이 늙고, 은퇴하는 것을 막을 수는 없다. 하지만 회사는 은퇴의 과정을 더 긍정적으로 만들 수 있다.

물론 잘하고 있는 회사들도 있다. 글로벌 IT 회사의 아시아 책임자였던 로널드의 사례를 보자. 이 회사는 정년에 가까워지는 임원들을 위해 특별한 직무를 마련하는 데에 심혈을 기울였다. 일반적인 은퇴 연령에 가까워지는 고위 임원들에게 업무시간을 줄이는 것을 허용했고, 은퇴 후에 다른 역할로 조직을 위해 일할 수 있도록 자리를 마련했다. 이렇게 유동적이며 단계적인 은퇴 정책은 은퇴자들이 변화에 대비할 수 있게 했다. 그리고 회사 차원에서도 하루아침에 그들의 지식과 경험을 잃지 않을 수 있었다.

로널드는 아프리카 시장을 개척하는 그룹 CEO를 위한 특별 조언자가 되었다. 그는 CEO에게 급속도로 성장하는 지역에 대한 전략과 조직을 개발하도록 도움을 주었다. 회사는 로널드가 직장이 아닌 곳에서도 일할 수 있게 했고, 따로 실험실도 마련해주었다. 로널드의 지속적인 관여는 양쪽 모두에게 도움이 되었다.

이와 같은 조치는 회사와 은퇴자 모두에게 원-윈(win-win) 하는 것이다. 막강한 권력을 가진 임원들은 권력을 유지하고, 관련된 일을 계속 하고 싶어한다. 그는 어쩌면 은퇴 후 다른 회사로 이직해 적이 될 수도 있다. 이런 경우의 수를 고려한다면, 천천히 진행되는 은퇴는 새로운 사람을 빨리 자리에 앉히는 것만큼 중요하다.

여전히 남은 질문은, 어떻게 하면 제리와 같은 사람들, 즉 은퇴를 개인적, 직업적 정리해고로 보는 사람에게 도움을 줄 수 있을까 하는 것이다. 어떻게 하면 그들이 은퇴를 죽음에 다가서는 것으로가 아니라 기회의 차원에서 볼 수 있도록 할 것인가? 그처럼 일을 계속 하고 싶어 하는 상황에서 은퇴라는 갑자스러운 상황에 맞닥뜨렸을 때 어떻게 충격을 완화할 것인가?

제리의 성품을 볼 때, 그에게는 활동적이고 의미 있는 인생을 사는 방법을 알려주는 것이 중요할 것이다. 은퇴할 때 가장 행복한 사람은 더 많은 대가를 받는 사람이 아닌, '삶의 목적을 다시 발견하는 사람'이다.

Question

☑ 당신은 은퇴를 준비하는 데 있어서 어떤 상태인가?

☑ 당신은 은퇴 후의 삶에 대해 어떤 판타지를 가지고 있는가? 당신의 시간을 어떻게 쓸지 계획을 가지고 있는가?

☑ 당신은 일 이외의 삶을 가지고 있는가?

☑ 당신은 은퇴가 당신의 건강에 도움이 된다고 믿는가? 안 좋은 영향을 준다고 믿는가?

☑ 어떤 활동이 당신에게 가장 즐거움을 주는가? 어떤 일상생활이 당신에게 가장 중요한가?

☑ 만일 당신이 더 이상 직업을 갖지 않는다면, 당신은 무엇을 가장 그리워할 것 같은가?

☑ 당신의 조직은 단계적인 은퇴를 제공하고 있는가?

11장

아니, 벌써?
_저승사자를 만나다

혹자는 중역 회의실이나 휴게실 같은 곳에는 죽음의 그림자가 드리우지 않는다고 확신한다. 주류의 동기부여 이론이나 조직 행동론, 동기부여 교과서에서도 비슷한 태도를 보인다. 하지만 죽음은 거기 있다. 경고를 보내며 언제나 있어온 실체이다. 그리고 일을 포함하여, 우리가 그것에 관해 이야기를 나누거나 생각하는지에 상관없이 우리의 모든 삶에 영향을 미친다. 왜냐하면, 죽음은 절대적인 보이지 않는 동기이기 때문이다.

나는 큰 자동차 회사의 구매 담당인 빅터를 만났을 때, 그는 아주 성공적인 인생을 살고 있지만, 한편으로는 아주 큰 문제도 겪고 있다는 인상을 받았다. 그는 공황 발작이 있었던 것에 대해 묘사했고, 그의 심장에 대한 걱정을 표현했고, 일반적인 건강이 좋지 않은 것을 호소했다. 정신없이 바쁘게 진행되는 업무로 인한 주의 집중 결여로 해석될 수도 있으나, 건강에 대한 심한 걱정은 그의 일의 질적인 면에 나쁜 영향을 주고 있었다. 그는 지금까지 해왔던 것처럼 계속한다면, 소진될 것이고 무너질 것이라고 느끼고 있었다. 빅터는 자신이 무언가 잘못되었고, 그것이 무엇인지를 정확히 짚지 못하고 있음을 확신하고 있었다.

빅터는 그가 방문했었던 많은 의사에 대해 길게 이야기했다. 많은 검사를 해보았지만 그들은 그에게서 잘못된 것이 무엇인지를 찾지 못한 것처럼 보였다. 빅터는 몸에 이상이 없다는 사실을 받아들이지 못하면서, 무언가 있는데 의사들이 발견하지 못하는 것이라고 격하게 말했다. 그는 자신이 진단하기 쉽지 않은 질병을 가지고 있을까 봐 걱정했다. 어떤 불분명한 암, 다발성 경화증, 라임병 (역자주:진드기가 옮기는 세균에 의한 전염병), 심지어는 뇌종양까지도.

공황 발작을 앓고 있는 빅터 같은 사람은, 그들 자신이 폭넓은 건강 문제를 갖고 있다고 확신하는 경향이 있다. 많은 경우, 그들의 건강염려증은 죽음에 대한 두려움과 연관이 있다. 죽음의 두려움은 신체적인 이상을 불러오고, 불안해진 이들은 여러 의사를 방문하고, 의학적인 테스트를 받는다. 그러나 결국 착각에 불과한 것으로 밝혀진다.

우리는 주변 사람들이 죽을 때마다 죽음은 인생에서 가장 난해한 부분이며, 수용하기 힘든 일이라는 사실을 새삼 깨닫는다. 죽음에 대한 두려움은 우리의 사회적인, 개인적인, 영적인 그리고 신체적인 존재에 영향을 미치는 불안의 원천이다. 언제나 우리의 마음속 가장 깊은 곳에는 '죽음'이라는 불안이 자리하고 있으며 이는 성장, 유지 그리고 다양한 심리적인 상황에 영향을 미친다. 이 오랫동안 머무는 걱정을 극복하기 위해서 우리는 죽음을 외부에 위탁하여 중화시킨다.

20대나 30대에는 마치 인생이 영원히 계속될 것처럼 남보다 앞서기 위해 열정적으로 일한다. 그러나 40대가 되어 주변 사람들이 병이 들고, 죽는 것을 보며 삶의 남아있는 시간에 대해 더 깊이 생각하게 된다. 우리가 하는 행위들의 상당 부분은 죽음에 복잡하게 얽혀 있다. 그러나 누구도 그런 사실을 함부로 입 밖으로 내지 않는다.

어떤 사람들은 죽음의 공포를 피하고자 침대 밖으로 나오지 않고 이불을 머리끝까지 덮어쓰기도 한다. 하지만, 더 일반적인 반응은 그 정반대이다. 대부분의 경우 사람들은 죽음에 관한 모든 생각을 머릿속 저 멀리 밀어두고, 정신없이 분주하게 살거나 비즈니스를 한다. 죽음에 대한 공포를 긍정적인 방향으로 극복하느냐 또는 다람쥐 쳇바퀴 돌듯 피하기에 급급하느냐는 인생 최후의 두려움인 죽음을 어떻게 인식하느냐에 달려 있다.

이성적으로는 누구도 죽음을 피할 수 없다는 것을 잘 알고 있다. 하지만 감정적으로도 진정으로 죽음을 인정하느냐는 전혀 다른 문제이다. 죽음의 두려움은 억누를수록 더 커지는 경향이 있다. 많은 임원의 이해하기 어려운 행동의 밑바탕에는 죽음에 대한 두려움이 깔려 있다. 그리고 그 공포가 심해짐에 따라, 업무환경에 영향을 미치는 3개의 공통된 부적응적인 반응이 나타난다.

첫째. 조증적 방어, 즉 '일 중독'이다. 어떤 임원들에게는 일이란 불멸의 시스템이 된다. 일 중독자들은 우울한 생각, 무의식적인 죽음에 대한 두려움을 밀어내기 위해 끊임없이 바쁘게 움직인다. 불행하게도, 최근 조직에서는 일 중독이 장려되고 지원받고, 좋은 보상을 받는다. 하지만 일 중독인 환경은 낮은 도덕성, 우울, 약물남용, 직장 내 괴롭힘, 평균보다 높은 이탈, 그리고 소진 같은 심각한 조직적인 문제들을 일으킨다. 나는 많은 임원이 죽음에 대한 두려움을 극복하기 위해 인수합병이라는 카드를 사용하는 것을 알고 있다. 그것은 그들이 살아있음을 느끼게 할 수는 있지만, 궁극적으로는 회사의 경제적인 생존능력에 나쁜 영향을 미친다.

또 다른 죽음의 불안에 대한 반응은, 승계 이슈를 다루기를 거부하는 것이다. 많은 시니어 임원들은 '나 다음의 삶'이라는 큰 질문을 회피한다. 왜냐하면, 그것은 너무나 불안을 자극하기 때문이다. 리더가 내려놓는 것을 거부함으로써 조직은 고통을 겪고, 침체되며, 생산성이 곤두박질치게 된다.

세 번째 반응은, 조직, 건물, 상, 그리고 그 비슷한 유형의 유산을 만들어 냄으로써 인간 생명의 유한성을 피하려고 하는 것이다. 자신의 이름 혹은 업적을 남기는 방식이다. '거대 건축물 지향성'은 실존하며 지금도 통용된다. 고대 이집트의 피라미드에서부터, 인도의 타지마할을 거쳐, 니콜레 차우세스쿠(루마니아의 독재자)의 부조리하게 큰, 여전히 완공되지 못한 부쿠레슈티(루마니아의 수도)의 국회의사당에 이르기까지 셀 수 없이 많은 사례가 있다. 권력을 행사하는 것과 땅 위에 건물을 지어 이름을 남기는 것 사이에는 심리적인 유사점이 있다. 가족들에 의해서 지속할 사업을 만들어 내는 것도 불멸을 추구하는 또 다른 방법이다. 이 의식적은 혹은 무의식적인 소원은 많은 가족 경영 왕국의 핵심에 놓여 있다.

바쁘게 사는 것과 유산을 만드는 일을 나쁘게만 볼 수는 없다. 내가 하는 일이 의미 있다고 확신할 수 있고, 삶이 의미가 있을 때 죽음에 대한 불안은 없어질 것이다. 의미 있는 일을 하고 있다는 자각은 아주 중요하다. 임원들은 직장에서 그들 자신과 다른 사람들을 위해 의미 있는 일을 함으로써 죽음의 불안을 키우는 '쓸모 없다는 느낌'을 완화할 수 있다. 인간은 누구나 다음 세대를 위한 일, 혹은 세상을 더 나은 곳으로 만드는 일을 하고 싶어한다.

'의미'를 만들어가는 것은, 유산을 남기는 또 다른 방법이다. 거대한 구조물을 세상에 남기는 것보다 훨씬 뜻깊다. 다음 세대와 새로운 관계를 맺는 법을 고민해야 한다. 설립자가 죽더라도 사람들을 지속해서 돕는 행동이 이어질 프로그램이나 재단을 만드는 것도 그중 하나다.

인간은 피할 수 없는 마지막에 대하여 모두 알고 있으면서도 적응하고 인생을 살아가야 한다는 면에서 독특성을 가진다. 하지만 우리의 죽음에 대한 불안은 의식 또는 무의식적인 불편함을 일으킨다. 그 불편함은 넓고 다양한 정서적인, 인지적인, 발달적인 그리고 사회문화적인 반응을 나타낸다. 어떻게 하면 우리의 일을 의미 있는 것으로 혹은 의미 없는 것으로 여기게 만드는, 죽음에 대한 불안을 잘 소화할 수 있을까? 해결되지 않은 죽음에 대한 불안은 스트레스를 더 높이고 심리적인 소진을 일으킨다.

우리는 죽음을 부정하지 말아야 한다. 죽음을 피하려 하지 말고, 살아 있는 동안 의미 있는 일을 하는 것이 더 중요하다고 믿는 환경을 만든다면 죽음은 긍정적으로 다루어질 수 있을 것이다. 절대적으로 많은 임원은(그리고 일반적으로 사람들은) 죽음 그 자체보다, 존재감을 잃는 것을 더 두려워한다.

그래서, 어떻게 빅터를 도울까? 나는 그가 신체적인 아픔, 심리적인 괴로움, 그리고 실존적인 고통은 인간이 살아가는 일부분임을 이해하도록 도왔다. 그가 불안한 감정을 극복하도록 나는 그의 인생에서 의미와 목적의 중요성, 그리고 의미 있는 관계들을 만들어 가는 사회적인 지지가 필요함을 강조했다.

이러한 대화는 그의 적절치 못한 대응 메커니즘, 갈등 해결, 그리고 그의 우울증과 그 계기를 이해하는 데에 도움이 되었다. 그리고 결국 그는 역기능적인 행동 패턴을 바꿀 수 있었다. 자존감, 의미, 그리고 연대감이 향상됨으로써 빅터는 불안감을 완화하는 시스템을 강화할 수 있었고 스트레스를 덜 받게 되었고, 덜 쫓기고 그의 인생에 대해 주도적인 감정을 가지게 되었다.

Question

☑ 당신은 당신의 건강과 죽음에 대해 많이 걱정하는가?

☑ 당신은 죽음과 죽음을 피하는 방법을 생각하는 데에 사로잡혀 있는가?

☑ 당신은 병원에 가지만 종종 별문제가 없다는 소리를 듣는가? 당신은 의사가 당신의 건강 문제를 제대로 진단하지 못한다고 생각하는가?

☑ 당신은 뚜렷한 이유 없이 공황 발작을 경험하는가?

☑ 당신은 스스로에 대해서 좋은 감정은 없는가? 당신이 소진되었다고 느끼는가?

☑ 계속 일할 거리가 없을 때 기분이 축 늘어지는가?

☑ 당신은 인생의 의미와 목적이 있는가? 당신은 이런 이슈들에 관해 이야기할 준비가 되어 있는가?

2부

Going Up;

올라가다 ——————————

12장

웃어야만 해
_일터에서의 유머

모든 사람들은 회사의 정보시스템 부사장인 잭이 아주 재미있는 사람이라 여긴다. 그는 유머에 있어서 독특한 방법을 가지고 있었다. 자기 비하였다. 그는 사람들을 어떻게 웃게 할 수 있는지, 그리고 사물의 밝은 면을 볼 수 있도록 도울 수 있는지를 알고 있었다. 하지만 그의 유머에는 어두운 면이 있었다. 그가 다른 사람들의 불완전함에 대해서 농담을 할 때 어떤 사람들은 웃었지만, 어떤 사람들은 쓸쓸해했다. 그의 동료들은 그가 유머를 사용하는 방법에 대해서 의구심을 갖기 시작했다. 그는 갈등의 소지를 풍기고 있었다.

그는 자신의 불안정함을 방어하기 위해서 유머를 사용하고 있었을까? 혹은 자기 비하를 통해 진짜 두려움과 고통을 덮으려 한 것일까? 그가 다른 이들을 괴롭히는 것이 그의 숨은 공격성을 보여주는 것이었을까? 혹은 다른 사람을 농담의 대상으로 함으로써 자신은 관심 밖으로 나가고, 그들과 너무 가까워지는 것을 피하려한 걸까?

유머는 다양한 방법으로 사용될 수 있다. 긍정적인 효과는 물론이지만, 부정적인 효과를 줄 수도 있다. 코미디와 비극 사이, 유머와 상처 사이에는 얇은 선이 있다고들 말한다. 우리 대부분은 즐기기 위해 유머에 참여한다. 다른 이들과 웃는 것은 마음을 통하게 하고, 공감하게 하며, 하나로 만들어준다. 유머는 심리적인 긴장을 풀게 하는 강력한 방법이기도 하다. 또 인생의 모순을 직면하도록 해준다. 우리가 기대한 것과 우리가 경험한 것의 차이는 우스꽝스럽고, 그래서 코믹하다. 유머는 우리가 통제를 넘어서거나 우울한 상황을 다룰 수 있도록 도와준다. 긍정적인 시선을 주고, 잠시나마 터널 끝의 빛을 보게 해준다. 하지만 유머는 악의를 가지고 사용될 수도 있다. 누군가를 비웃는 것은 어떤 사람에게는 재미있을 수 있지만, 조롱의 대상인 사람에게는 그렇지 않다. 이러한 경우들은 유머가 분노를 유발하기 쉽다는 것을 보여준다.

진화적인 관점에서 유머는 자연선택을 통해서 전달된 모든 특성처럼, '생존 가치'를 가진다. 유머는 우리를 좀 더 기분 좋게 해주고 정신건강에 좋다. 웃음을 주는 유머는 우리의 정서와 신체 건강에 긍정적인 영향을 준다. 함께 웃는 것은 다른 사람과 연결되도록 도와주고 사회적인 활동을 촉진시킨다. 유머는 긍정적인 마인드를 가지게 해준다. 절망 앞에서 희망을 창조하고, 인생의 도전들을 이겨낼 수 있게 도와준다. 어떤 이들은 사람들에게 웃음을 주는 직업을 가지고 살면서 이러한 의미 있는 일을 한다. 그러나 유머란 매우 예민한 일이라 이 일을 하기 위해서는 타고난 천재성이 있어야 한다. 마치 전설적인 코미디언인 밥 호프가 임종을 앞두고 어디에 묻히고 싶은지를 질문받았을 때, "알아서 하고, 나한테 알려줘."라고 말한 것처럼 말이다.

우리가 밥 호프가 될 순 없다. 하지만 우리는 유머 감각을 키울 수 있다. 심리학 연구에 의하면, 웃음은 우리 신체에 긍정적인 운동이 되며, 스트레스를 줄여주는 효과가 있다. 스트레스를 받는 상황에서 유머에 의지하는 사람은 훨씬 회복이 빠르다. fMRI(기능적 자기공명 영상법)를 사용한 뇌 연구는 유머와 웃음이 우리 뇌의 생화학적 변화를 일으키며 호르몬 시스템을 변화시킨다는 것을 보여준다. 유머를 사용하면 스트레스가 큰 상황에서, 우리 심장박동을 느리게 해주고, 혈압을 낮춰주고, 근육의 긴장을 풀어주고다. 또 에피네프린(역자주: 신경전달물질 중의 하나. 교감신경을 자극하여 혈압을 상승시키고, 심장박동수와 심장 박출량을 증가시킨다)과 노리에피네프린(역자주: 교감 신경계

통의 신경전달 작용을 하는 부신속질에서 아드레날린과 함께 분비되는 호르몬)과 코 티솔(역자주: 부신 겉질에서 분비되는 호르몬 중의 하나, 항염증작용이 있어 각종 염증 성. 알레르기 질환 따위에 이용한다) 레벨에 긍정적인 영향을 받을 수 있다. 유머는 전염병과 싸우는 항체를 증가시키고, 우리 면역체계에 긍 정적인 영향을 준다. 유머를 사용하는 사람이 훨씬 건강하고 더 오 래 산다는 것은 놀라운 일이 아니다. 밥 호프는 100세까지 살았다.

심리학적인 관점에서 유머의 본질은 단지 재미와 놀이만은 아 니다. 우리가 의식적으로 알고 있는 것보다 더 많은 것이 유머에 있다. 지그문드 프로이트는 연구 「농담과 무의식의 관계(Jokes and Their Relations to the Unconscious)」에서 '유머는 억압된 성적 그리고 공격 적인 긴장을 해소하는 확실한 방어기제'라고 기술하였다. 유머는 또한 인생의 갈등과 굴곡에서 길을 찾는 건강한 방법이기도 하다. 지그문드 프로이트의 딸이자 계승자인 안나 프로이트는 방어기제 는 상황에 따라, 그리고 그것을 사용하는 사람들에 따라 건강할 수 도 건강하지 않을 수도 있다고 지적했다. 어떤 방어 전략은 그 사 람의 정신건강을 위협하는 악의적인 행위에 기여하면서 극단적으 로 역기능적인 반면, 어떤 것들은 우리를 행복하고 생산적으로 살 도록 도와준다. 우리는 방어기제를 심각한 순서로 분류해볼 수 있 다. 병리학적인 것으로부터, 미숙한 것, 신경증적인 것, 성숙한 것 까지. 놀랄 것도 없이 유머는 마지막 카테고리에 속한다.

유머는 사회적인 목적에 기여하기도 한다. 유머는 다른 형식으로는 사회적으로(혹은 법적으로) 표현될 수 없는 불평등과 오만 가식과 위선을 비판하는 오래된 도구였다. 또한 '터부시 되는' 혹은 '정치적으로 정당하지 못한' 이슈와 주제들을 공격한다.

유머와 관련된 가장 오래된 역사적인 인물은 그리스 철학자인 데모크리토스(Democritos)이다. 그는 그 시대의 시민들과 일반인들의 우매함을 놀리는 성향을 가졌기 때문에, '웃는 철학자'라고 알려졌다. 많은 세익스피어의 연극에서 바보나 광대는 권력층에게 진실을 말하는 가장 현명하고 가장 정직한 캐릭터이다. 20세기에는 찰리 채플린, 존 클리즈, 우디 앨런 같은 코미디언과 풍자가들이 유머를 활용하여 사회에 통렬한 비판을 날렸다. 유머는 참을 수 없는 것을 참을 만하게 해주고, 말할 수 없는 것을 알게 해 주었다.

하지만 유머는 때로 부정적이고 소외감을 느끼게 한다. 빈정대고 조롱하는 유머 -다른 사람을 농담의 대상으로 만드는- 는 남을 업신여기고, 적대적으로 대하고, 교묘히 조정하는 성격을 가진다. 빈정대는 것은 당하는 사람보다는 공격하는 사람을 더 드러낸다. '빈정거리다'는 단어는 그리스어인 'sarkzein(육체를 찢어버린다)'는 의미에서 유래되었다. 빈정댄다는 것은 유머로 가장한 호전성이다. 반대로, 자기를 낮추는 유머는 다른 사람을 편하게 해주고 수용적이게 해준다. 그것은 나를 통해 다른 사람을 웃게 하고 유머를 사용하는 사람의 겸손함을 느끼게 한다. 물론 유머는 여러 방식으로 해석될 수 있다. 하지만 어떤 형식으로 우리가 사용하거나 즐긴다고 해도, 인생에서 대부분의 좋은 것들처럼, 모든 것에 있어 적절해야 한다는 것을 명심해야 한다. 과도하게 유머를 사용하는 것은 그 밑에 깔린 자기 확신의 부족, 낮은 자존감, 그리고 다른 형태의 불안의 감정을 암시하는 것일 수 있다.

잭은 회사 내에서 진행된 리더십 코칭 세션에 참여하던 중 각성이 왔다. 리더십의 강점과 약점을 다룬 360도 피드백 리포트에 의하면 그는 대부분의 유머를 긍정적인 효과를 내기 위해 사용하지만, 때때로 부정적인 결과를 가지고 왔다. 그를 관찰한 사람의 피드백은 커뮤니케이션 스타일에 대해 뭔가 개선이 필요하다는 것을 분명히 했다.

리포트를 보고 무척 놀란 잭은 코치의 도움을 요청했다. 그는 언제나 악의 없는 방식으로 유머를 사용하며 상처를 줄 의도는 전혀 없었다고 설명했다. 그는 사람들이 자신이 말하고자 하는 것을 이해한다고 믿고 있었다. 코치는 잭에게 "유머 감각이 있는 것은 축복"이라고 말하면서 그가 하는 말이 다른 사람에게 어떤 메시지를 주는지에 대해 의식적으로 생각하는 것이 도움이 될 것이라고 말했다. 잭은 유머를 사람들이 연결되게 혹은 소외되게 사용하고 있었고, 그것이 때로는 팀원들을 혼란스럽게 했다. 코치는 잭이 코칭 세션 중에도 그렇다고 꼭 집어 말하였다. 잭은 자신이 심각한지 그렇지 않은지 분명하게 말하지 않았고, 이 점이 사람들을 혼란스럽게 했다. 잭은 코치에게 자신이 얼마나 자주 역기능적인 농담을 하는지 알지 못했다고 설명하면서, 자신이 이것을 인식할 수 있도록 현장에서 바로 지적해달라고 말했다.

코칭 과정을 통해 잭은 자신이 유머를 거리 두기를 위한 도구로 사용하고 있다는 것을 깨닫게 되었다. 유머를 불안정함을 다루는 방법 혹은 갈등 상황을 피하려는 방법으로 사용하게 된 이유는 그의 과거에서 찾을 수 있었다. 잭은 부모님들이 매일 다투는 가정에서 어렵고 혼란스러운 양육을 받으면서 성장했다. 유머는 그의 생존 전략이 되었다. 집에서 부모들이 싸우는 것을 진정시키는 아주 효과적인 것으로 증명된 대응 기제였다. 유머에 의지하는 경향은 학교에서 더 강화되었다. 과체중에 스포츠를 잘하지 못했던 잭은 놀림의 대상이었다. 이런 폭력에 대한 그의 방어는 학급에서 광대의 역할을 맡는 것이었다. 그렇게 인생의 모든 스트레스를 농담으로 바꾸는 것이 개인적인 이슈를 다루는 기본 태도가 되었다. 하지만 피드백 리포트가 보여주는 것처럼 그것은 역기능적으로 바뀌었고, 직장에서 과하게 사용되는 습관을 깨야만 할 때가 왔다.

코치의 도움으로, 잭은 유머를 본인의 자산으로 활용하는 방법을 터득했다. 그는 언제 유머가 적절하고 유용한 지를 가릴 줄 알게 되었다. 다른 사람들과 함께할 때 인생의 역설이나 어리석은 면들에 대한 농담을 하며 건설적인 방향으로 유머를 사용하고, 사람들이 기피하고 분열이 되는 상황을 구분할 줄 알게 되었다.

Question

☑ 당신은 유머를 자주 사용하는가? 만일 그렇다면, 왜 그런가?

☑ 당신은 유머를 사용하는 방식을 돌아볼 수 있는가? 당신의 유머는 자기비하이거나 빈정거림인가?

☑ 다른 사람들은 당신의 유머에 어떻게 반응하는가?

☑ 당신은 다른 이들의 유머에 어떻게 반응하는가?

☑ 당신은 자주 다른 사람의 농담 대상인가? 왜 그런지 이유를 아는가? 왜 다른 사람이 당신을 괴롭힐까?

☑ 만일 당신이 농담의 대상이라면, 어떻게 당신 자신을 보호할 것인가?

13장

모두를 용서해
_용서에 대해서

최근 리더십 개발 세미나 중 한 곳에서, 나는 한 CEO를 만났다. 개리라고 부르자. 그는 인생에 대해 아주 억울해하는 것처럼 보였다. 그는 내가 제안한 모든 것에 대해서 부정적으로 빙빙 돌려 말했다. 그가 심하게 부정적인 것에 대해 호기심을 가지고서, 나는 그 자신에 대해 더 이야기해달라고 요청했다. 잠시 설득을 하고 나서, 그는 이야기를 시작했다. 그의 이야기는 듣기에 썩 즐겁지는 않았다.

분명히 그는 원한을 품고 있었다. 자신이 겪어온 모든 부정적인 경험에 대해서 그리고 최근 불행한 것에 대해서 다른 사람을 비난하고 있었다. 그는 또한 자신을 돌아볼 준비가 되어있지 않았다.

갈등 상황에서 또는 그가 이야기했던 일들 가운데에서 자신은 어떤 책임도 없다고 생각하고 있었다.

마하트마 간디는 이렇게 말했다. 눈에는 눈이라는 생각은 모든 세상을 눈 멀게 만든다. 이 말은 태도와 신념, 그리고 행동이 다른 사람들의 삶에 중요한 영향을 미치는 리더십 지위에 있는 사람들과 더욱 연관이 있다. 한 리더가 용서를 거부하거나 용서하는 일에 실패하면, 분노와 비통, 그리고 적대감이 팀, 조직, 사회 심지어는 국가 전체의 발전을 가로막게 된다.

사회적으로 관계를 맺다 보면 친구, 낯선 사람, 또는 가족으로 상처받을 수 있다. 개리처럼, 부모가 거칠게 대했을 수도 있다. 선생님이 불친절했을 수도 있고, 직장 동료들이 프로젝트를 방해했을 수도 있고, 친구들 혹은 파트너가 우리를 힘들게 했을 수도 있다. 타인이 다가온다는 것은 우리가 상처를 받을 수도 있음을 뜻한다. 모욕, 혹은 상처에 대한 가장 일차적인 반응은 그대로 갚아주는 것이다.

리더는 크고 작은 갈등을 다뤄야 한다. 다른 사람을 이끈다는 것은 관계들의 대혼란을 다룬다는 것, 엄청난 양의 감정을 관리해야 하는 것을 의미한다. 갈등이 해결되지 못하면 조직의 효과성이 떨어진다. 갈등 관계에 있는 사람들은 주변 사람들도 다운되도록 하면서 부정적인 방향으로 일을 몰고 간다.

좋은 리더들은 원한을 품고 있는 것이 얼마나 큰 비용을 지불하는 것인지, 용서하지 못하는 태도가 어떻게 사람들의 발목을 붙잡는지 알고 있다. 우리는 타고난 정의감이 있다. 그래서 잘못한 사람은 벌을 받길 원한다. 공정함과 불공정함에 대한 강력한 반응은 우리의 뇌에 프로그래밍되어 있는 듯 보인다. 우리는 상처를 받았을 때 보복을 하고, 불이익을 당했을 때 되갚아 정의를 추구하도록 타고났다.

진화 관점에서 이 행동은 중요한 목적이 있다. 보복은 우리 자신을 보호하는 방법 중 하나이다. 상호주의와 복수는 침입자가 다시 경계를 넘어오거나, 위험을 증가시키거나 더욱 부정적인 결과를 일으키지 않게 하는 경고다. 동시에 이것은 판도라의 상자를 열어 역반응을 불러오는 역할을 하기도 한다. 복수는 복수를 낳고, 그것은 우리 정신과 신체 건강에 손상을 입힌다. 상처를 입힌 사람들을 용서하지 못할 때 우리의 감정은 스스로 내부의 방어기제를 파괴하며 정신적인 독이 된다. 많은 연구를 통해 증오, 앙심, 비통, 강한 복수심이 스트레스 장애와 우리 면역체계에 부정적인 영향을 미침을 알 수 있다. 용서하지 않는 태도는 우울과 불안, 공격성, 그리고 조기 사망과 상관관계가 있다.

왜 어떤 사람들은 다른 이들보다 훨씬 더 용서하는 성향이 크고, 어떤 사람들은 오랫동안 강한 복수심과 비통함에 빠져 있을까? 심리역동 시스템 관점으로 리더들을 연구하면서 나는 쉽게 용서하지 못하는 이들로부터 3가지 특징을 발견하였다.

첫째, 강박적인 되새김이다. 용서하지 못하는 사람들은 과거에 빠져 시간을 보낸다. 상냥하고 좋은 양육자에게 자란 이들에 비해서, 엄격하고 독재적인 양육자 그리고 어린 시절 학대를 받은 사람들이 더 이런 경향이 있다.

둘째, 공감의 부족이다. 공감은 이타적이고 친 사회적인 행동을 동기부여 하는 진화 기제이다. 다른 사람들의 경험을 상상하여 역지사지하며 상대의 감정을 느끼는 것은, 궁극적으로 해를 가하는 사람을 이해하게 만들고, 용서하게 한다. 그러나 부모가 곁에 없었거나, 학대적인 부모들에 의해 양육된 아이들은 이 능력을 갖추는 것이 어려울 수 있다. 그리고 용서는 그들에게 몹시 어려운 것이 된다.

셋째, 박탈감이다. 아이로서 충분한 관심과 돌봄을 받지 못한 사람은, 자신이 가지지 못한 것에 집착하고 어떻게 하면 그것을 가질 수 있는지에 초점을 맞춘다. 하지만 막상 원하던 것을 손에 넣은 뒤에도 만족하지 못한다. 다른 사람들과 계속 비교하고, 그들의 성공, 명예, 소유 또는 개인적인 성품을 부러워하고, 때로 이런 부러움을 감정적으로 폭발시키고, 분노를 분출시킨다.

이러한 행동, 즉 용서를 덜 할 것 같은 인상을 보이는 사람들이 리더가 될 수 없다고 단정할 수는 없다. 하지만 이런 성향의 리더는 팔로워들로부터 최고를 끌어내기는 어렵다. 용서하는 능력은 변화를 만들어내려는 리더에게는 필수적인 역량이다. 물론, 용서는 받아들일 수 없는 행동을 봐주는 것은 아니다. 용서는 상처받은 기억을 지우는 것이 아니라, 치료하는 것이다. 아무리 마음 깊이 용서한다 하더라도 과거를 바꿀 수는 없다. 하지만 우리는 건설적이지 못한 감정들에 휘둘리는 대신 그것을 통제함으로써 미래를 바꿀 수 있다. 그리고 새로운 방식의 기억을 창조할 수 있다. 마하트마 간디, 넬슨 만델라 그리고 아웅산 수치 같은 변혁적인 리더들은 그것을 이해했고, 과거의 상처를 다시 떠올리지 않고 의로운 분노로 평온과 행복을 선택했다.

개리가 세상을 대하는 관점을 변화시키기는 쉽지 않았다. 하지만 리더십 개발 세미나의 다른 참가자들이 언급한 것처럼, 지속적으로 부정적인 감정을 느끼는 것은 시간 낭비였고, 아주 생산적이지 못했다. 개리는 다른 사람들의 실수를 용서하지 않는 태도가 스스로에게 스트레스를 줄 뿐만 아니라 자신의 회사에 아주 큰 비용을 치르게 하고 있음을 깨달았다. 참가자들 중 한 명은 "실수하지 않는 사람은 어떤 것도 할 수 없다"라며 목소리를 높였다. 개리는 세미나를 통해 용서를 연습하는 것은 앞으로 나가게 하는 하나의 방법이 될 수 있다고 생각하게 되었다.

참가자들은 또한 용서하는 것이 개리가 약하거나 당하고도 가만히 있는 사람이라는 것을 의미하지 않는다고 지적했다. 사실 용서는 용기와 진정성이 필요하다. 그것은 다른 이가 잘못한 것을 용납하거나, 자신을 화나게 한 사람과 무조건 화해해야 한다는 뜻은 아니다.

개리는 화와 분노의 감정을 쌓아두는 것이 자신의 정신 혹은 신체 건강에 좋지 않다는 것을 깨달았다. 사실 그는 충분히 많은 스트레스와 무거운 짐을 이기며 살고 있었다. 용서는 다른 누구가 아니라 개리 자신을 위해 가장 필요했다.

공감을 연습하고 작은 동정을 흘려보내는 것이 치유의 첫 단계였다. 개리는 자신에게 상처를 주었다고 느낀 사람들의 입장에서 보기를, 그리고 그들과 공감하는 마음을 가져보기를 조언 받았다. 우리는 누구나 다른 사람을 배신하거나 상처 줄 수 있는 상황에 있다. 그 어떤 누구도 완벽하지 않다. 복수와 분노, 그리고 심판의 감정을 키우는 대신 너그러운 마음과 동정심을 가지고, 친절을 베푸는 것이 훨씬 더 생산적이다. 세미나 참가자 중 한 명은 개리에게 감옥에서 출소하여 많은 세월이 지나서 만난 두 명의 정치범 이야기를 해주었다. 첫 번째 사람이 이야기했다, 간수들을 용서했습니까? 두 번째 사람이 대답했다. 아니오, 나는 그럴 수 없을 겁니다. 그러자 출소한 첫 번째 사람이 대답했다. 당신은 여전히 감옥

안에 있군요.

두 번째 죄수처럼, 개리는 쉽게 용서라는 것을 할 수가 없었다. 그로 인해 큰 슬픔, 분노, 비애, 두려움 그리고 혼란을 겪었다. 하지만 이제는 용서가 정말 선물이라는 것을 이해했다. 그렇게 스스로 부정적인 생각과 작별하고 더 큰 평화와 안정을 찾았다. 개리는 원하는 것을 절대 주지 않을 사람에게 그것을 기대하는 것을 포기했다. 대신 에너지를 좀 더 긍정적인 방향으로 돌리기 시작했다. 이런 단계를 통해 그는 더 큰 자유와 마음의 평화를 얻었다.

용서는 의학적인 치료나 요법의 범위를 넘어선 치유 효과가 있다. 잘 사는 삶은 상처받은 감정에는 가장 좋은 복수일 수 있다. 개리는 이제부터 가진 것에 감사하는 데에 더 많은 에너지를 쓰고, 가지지 못한 것에 집착하는 마음을 버리기로 마음먹었다. 그렇게 하는 것이 인생을 사는 훨씬 더 생산적인 방법이므로.

Question

☑ 용서란 단어는 당신에게 무엇을 의미하는가?

☑ 사람들이 당신에게 상처를 줄 때, 당신은 어떻게 반응하는가?

☑ 당신은 용서하기가 쉬운가? 누군가를 잘 용서하기 위해 무엇을 하는 가?

☑ 만일 당신이 용서하는 것이 아주 어렵다면, 그 이유는 무엇인가? 무 엇이 당신이 용서하는 것을 방해하는가?

☑ 어떤 사람이 계속 당신에게 상처를 줄 때, 용서하는 태도를 지속해야 한다고 생각하는가?

☑ 만일 당신이 용시하지 않는다면, 어떤 일이 일어날 것이라고 생각하 는가?

☑ 당신이 누군가를 용서한 것을 어떻게 알 수 있는가? 무엇을 통해서 알 수 있는가? 남아 있는 화와 분노를 다루는 당신만의 방법이 있는 가?

14장

대단히 감사합니다
_고마움에 대해

넥소뱅크의 기업문화는 매우 유해했다. 어떤 이들은 넥소뱅크의 근무환경을 적자생존의 문화, '다위니즘'이라고도 표현했다. 모든 사람들이 자신만을 위해서 뭔가를 얻으려 했고, 팀워크라는 것은 존재하지 않았다. 더욱이 탐욕, 약한 사람을 괴롭히기, 그리고 심지어 노골적인 불법 행동들이 만연해 있었다. 모든 활동은 수익과 보너스에 아주 집중되어, 고참 리더십 팀은 직원들의 자부심, 건강 그리고 온전한 정신을 갉아먹고 있었다. 결과적으로 생산성은 낮아졌고, 낮은 도덕성, 심각한 결근, 그리고 충격적인 이직률을 보였다. 많은 사람에게 그 은행에서 일하는 것이 감정적으로 너무 힘든 경험이었다,

고참 경영진들은 차갑고, 계산적이고, 비인격적인 문화를 지속시키고 있었다. 그들은 사람들이 친밀하고, 상호 협조적이고, 서로 돕는 창의적인 업무 환경의 중요성을 깨닫지 못하고 있는 것처럼 보였다. 긍정적인 관심과 진심 어린 배려가 낳는 창의성과 새로운 아이디어에 대해 관심이 없었고, 잘된 일에 대한 축하와 감사가 큰 동기부여가 된다는 것을 절대 이해 못했다.

직원 대부분은 자신들이 무시당하고 하찮게 여겨지고 있다고 느꼈다. 이러한 분위기에서 은행의 트레이더들이 이자율을 조작한 'Libor 스캔들'에 연루된 것은 놀랄 일이 아니었다. 이 사건에 따른 법적인 조치에 의해 넥소뱅크는 큰 벌금을 물게 되었지만 그 누구도 이에 영향을 받지 않는 것처럼 보였다.

'나쁜 기업 문화'-감사함이 존재하지 않은 환경과 같은-는 사업을 실패로 몰아갈 수 있다. 돈이 유일한 동기부여 요소라면 조직원들은 최선을 다해 일하지 않을 것이다. 돈보다 중요한 가치, 예를 들면 사회적인 존경이나 조지 내에서의 인정, 개인의 성취감과 소속감, 목적의식 등을 포기하게 되기 때문이다.

건강한 기업문화를 조성하기 위해서 리더들은 '감사'를 바탕으로 직장 문화를 재창조할 필요가 있다. 매일 하는 단순한 업무라도 잘 해낸 것에 대해서는 "감사합니다."라고 친절한 인사를 건네는 것이 아주 큰 동기부여가 되고 긍정적인 업무 성과를 내게 한다.

'고마운, 감사'라는 말은, 라틴어의 'grátus'라는 단어에서 유래했다. 친절함을 보인 것에 대해 축복하고 보답한다는 뜻이다. 감사할 줄 아는 사람은 단순한 삶의 즐거움을 알고, 자신에게 일어나는 좋은 일들을 언제나 알아차릴 수 있다. 그들은 또한 무언가를 기꺼이 돌려줄 그런 종류의 사람들이다.

철학자들은 감사를 조화로운 관계에 기여하는 주요 요소로 여긴다. 철인 황제였던 마르쿠스 아우렐리우스는 당신이 가진 탁월함을 최대한 고려하라, 만약 당신이 가진 탁월함이 없다면, 감사함으로 어떻게 그것을 얻을지 고민하라. 라고 말했다. 또 감사를 어린아이들의 특징인 초기 시절의 질투와 대비되는 '성숙함'으로 보았다. 성숙한 사람일수록 감사를 표현할 줄 알고, 감사가 발전할수록 관계는 돈독해진다. 감사는 상호주의를 더욱 단단하게 만든다.

결과적으로, 감사와 친 사회적인 행동과의 관계는 아주 복합적이다. 아기와 돌보는 사람의 관계는 아기의 두뇌 발달, 정서 발달에 영향을 미친다. 우리는 생애 초기에 안정적인 애착을 형성했을 때, 인생 전체에 걸쳐 다른 사람들과 관계를 맺는 건강한 토대를 마련할 수 있다. 스트레스를 이기기 위한 회복력, 감정을 균형감 있게 유지하는 효율성, 세상을 탐색하는 안정성, 그리고 미래를 가늠하는 희망성을 결정할 것이다. 안정적인 애착을 가진 사람들은 감사를 표현하고 받는 것이 쉽다. 반대로, 불안정한 애착은 부정적인 사회활동에 영향을 미친다. 정서가 불안정한 사람들은 감사를 받아들이거나 표현하는 것이 어렵다. 공감이나 동정 같은 발달상의 자원이 부족하기 때문이다.

감사는 우리가 세상을 보는 관점, 즉 우리가 사용하는 프레임워크와 관계가 있다. 감사할 줄 아는 사람은 일상적인 활동에서도 낙관성을 쌓을 수 있다. 그들은 무의식적으로 이루어지는 타인과의 비교를 피할 줄 알고, 과거를 떠나보내고 현재를 받아들이고 미래를 기대한다. 감사하는 사람들은 부족한 것을 한탄하기보다 가진 것에 집중한다.

연구에 따르면 감사를 표현하는 능력은 신체적, 정신적인 건강을 증진시킨다. 감사를 표하는 것은 긍정적인 분위기를 고양하는 우리 두뇌 속의 신경전달 물질인 세로토닌을 활성화시킨다. 감사하는 마음은 어려움과 좌절을 마주했을 때, 계속적으로 희망을 찾아야만 할 때, 혹은 긍정적인 관점을 다시 가져야 할 때 느끼는 스트레스를 긍정적인 에너지로 바꾸어 준다. 어쩌면 감사는 자연적인 형태의 '신체 기능 저하 억제제'라고도 볼 수 있다.

이 모든 것이 이론상으로는 멋지게 들리지만, 어떻게 감사를 표할 수 있을까? 어떻게 하면 직원들이 그들의 일로서 인정받고 있다고 느끼고, 그로 인해 더욱 최선을 다하는 선순환을 만들 수 있을까? 어떻게 하면 넥손뱅크처럼 유독한 조직을 만들지 않도록 할 수 있을까?

아주 기본적인 것은 조직에서 일하는 사람들을 존중하는 것이다. 감사가 상호적인 반응을 떠올리게 하는 것처럼, 존중은 상호 지지적인 관계를 만들어 주며, 갈등을 중화시키고, 긍정적인 에너지를 만들어주고, '우리는 모두 여기에서 함께 있다.'라는 집단의 식을 키워준다. 존중을 바탕으로 한 감사는 사람들을 정당하게 인정해주고, 공정한 대우, 소속감을 만들어 주고, 각자의 목소리를 낼 수 있도록 해준다. 만일 고참 경영진이 이러한 중요한 역동을 알아차린다면, 고객 만족은 물론, 직원들의 만족도와 업무 성과도 크게 높일 수 있을 것이다.

그다음은 아침에 눈을 뜰 때 어떤 관점을 가질지 매일 결정하는 것이다. 우리가 가진 것에 대해 긍정적으로 생각하며 감사할 것인가? 혹은 부정적으로 바라보며 탄식만 할 것인가? 이것을 때로 어려울 수 있다. 그러나 불평은 더욱 큰 불만과 화만 불러올 뿐 별 도움이 되지 않는다는 것을 기억하라. 우리가 결정한 관점은 분명 행동과 결과의 차이를 만들어낸다.

또 다른 행동은 우리가 감사해 마지않아야 할 여러 가지 일을 돌아보는 시간을 매일 갖는 것이다. 오래된 금언인 '당신이 받은 축복을 세어 보라.'는 말이 지금까지 많은 이들의 입에 오르내리는 이유는 무엇일까? 우리 삶에 긍정적인 영향을 미치는 사람들과 감사해야 할 사람들을 열거해보고, 그들에게 감사를 표현해야 한다. 또한 감사를 생활화한 사람들로 주변을 채울 수 있도록 노력해야 한다.

물론, 부정적인 것 혹은 의혹을 전혀 표현하지 않는 것은 비현실적이다. 삶의 부정적인 부분도 긍정적인 부분만큼 이야기해야 한다. 하지만 아무리 부정적인 상황도 긍정적인 관점에서 바라보려 노력하는 자세가 필요하다. 인생의 최대의 위기에 처해 있을 지라도, 이것을 성장의 기회로 삼을 수 있다. 부정적인 생각을 곱씹는 것은 우리의 에너지를 소진시킬 뿐이다. 나르시시스트로서 다른 사람을 노려보는 시선을 거둘 때, 훨씬 자주 기분이 좋아지는 것을 느낄 수 있다.

우리는 인생을 그리는 화가와 같다. 그래서 어두운색과 밝은색 중 어떤 색을 칠할 것인가를 결정해야 한다. 그리고 화가들처럼 작품에 대해 생각해야 한다. 어떤 것을 중요한 위치에 놓을 것인가에 대해, 어떻게 하면 모든 요소들이 잘 어우러지게 할 수 있을까에 대해.

유머, 용서, 그리고 감사는 팔레트에서 가장 밝은 색들이다. 각자 인생의 그림에 이 색들을 많이 사용한다면, 더 긍정적이고, 충만하고 활력이 넘치는 삶을 살 수 있을 것이다.

Question

☑ 당신은 무엇에 감사하는가? 당신이 당연시 하지만 그렇지 않아야 할 것들이 있는가?

☑ 오늘 당신이 한 일 중에서 무엇을 즐겼는가? 무엇이 당신을 기분 좋게 하였는가?

☑ 당신을 도와준 사람들의 명단을 적어볼 수 있는가? 어떤 관계에 특히 감사를 느끼는가?

☑ 당신을 도와준 사람에게 감사를 표현한 적이 있는가? 그들이 당신에게 어떤 의미인가에 관해 이야기한 적이 있는가?

☑ 당신에게 감사함을 표현한 사람이 있는가?

☑ 당신은 감사 표현을 더 자주 할 수 있는 방법을 알고 있는가?

15장

매 7초 마다
_직장에서의 성

이것은 어떤 고위직 임원이 성에 대해 이야기한 것이다.

나는 성적인 욕망을 다룰 때마다 비극적인 감정을 느낀다. 솔직히, 제법 여러 번 나는 통제를 잃었다. 내 삶에서 저지른 모든 실수는 성 문제 때문이었다. 나는 여러 번 결혼했다. 2명의 아내는 직장에서 만났고, 우리는 같은 프로젝트를 진행하고 있었다. 나는 불장난을 하고 있음을 알면서도 달려들 수밖에 없었다. 로빈 윌리엄스는 '신은 우리에게 페니스와 뇌를 주었지만, 한쪽을 채울 수 있을 만큼의 혈액만 주셨다.'라고 말했다. 그가 말한 문제의 남자, 그게 나다.

많은 전문가들이 남성이 여성보다 훨씬 성에 대해 많이 생각한다고 말한다. 남성은 깨어 있을 때 매 7초마다 성적인 상상을 하고, 잠자는 동안에도 여성들보다 훨씬 자주 성적인 꿈을 꾼다고 한다. 그러니 남성들이 그들이 생각하는 매력적인 여성과 그냥 친구 혹은 동료로만 지내는 것은 거의 불가능에 가깝다고 볼 수 있다.

이것은 '해리가 샐리를 만났을 때'라는 영화 속에서 토론의 주제로 등장하기도 했다. 남자 주인공인 해리는, 남성은 자신이 매력적이라 생각하는 여성과 친구가 될 수 없다고 주장한다. 남자는 관심 있는 여성과 잠자리를 가지고 싶어 하기 때문이다. 여자 주인공인 샐리는 이 말을 듣고 묻는다. "그럼 매력적이지 않은 여성과는 친구로 지낼 수 있나요?" 해리는 답한다. "그래도 혹시 가능성이 있는지 찔러볼 걸요?"

남성들의 성적 환상 빈도와 밀도를 고려할 때, 직장 내에서 남성과 여성이 정신적인 관계를 맺는 것이 가능할까? 성적인 상상은 남성 리더에게 어떤 영향을 미칠까? 여성의 수가 절대적으로 적은 최고 임원들의 세계에서 이러한 미묘한 성적 이슈는 어떤 역할을 할까?

조직의 최고 레벨 또는 이사회에 여성이 적은 이유를 일반적으로 '톱 리더에게 요구되는 강점과 특성을 여성이 자연스럽게가지고 있지 않기 때문'이라고 말한다. 여성은 공동을 지향하고, 친밀하고, 자기 희생적이고, 감정을 잘 표현하는 스테레오 타입인 경우가 많다. 반면 남성은 임원의 이미지에 적절한 특성 −효율적이고, 독립적일 것 같고, 주도적인−을 보인다. 이로 인해 리더십의 자리에 있는 여성들은 차별적 시선을 견뎌야 한다. 여성들이 직접적으로 행동할 경우 남성과 여성 모두 그녀를 덜 호의적으로 바라본다. 그녀의 과감함과 주도성을 존경하는 대신 지나치게 밀어붙이고, 다른 사람을 쥐고 흔들고, 무정한 사람이라는 평가를 내린다. 영화계의 스타인 베티 데이비스의 말은 이러한 현실을 잘 반영한다.

"남성이 의견을 제시하면, 그는 '멋진 남자'로 추앙받는다. 그러나 여성이 의견을 제시하면 그녀는 '나쁜 년'이 된다."

예전에 비해 성적으로 평등한 사회에 살고 있지만, 우리는 여전히 원시적인 조상들을 이끌었던 본능의 지배를 받는다. 20만 년 이상 이어져 내려온 유산은 양성평등이라는 세련된 사회적인 태도에 의해 한순간에 없어지지 않는다. 무의식적인, 생물학적인 레벨에서 남성들은 여전히 자신의 유전적인 유산을 극대화하는 경향이 있다.

반면 여성은 남성에 비해 좀 더 신중하게 자신의 파트너를 결정한다. 경제적, 정서적 그리고 성적 자원을 평가한 뒤, 재량권을 가지고 자율적으로 선택한다. 매일 수백만 개의 새로운 정자를 생산하는 남성과 달리 여성은 태어날 때 가지고 있는 200만 개의 미숙한 난자 중에 400개만이 성숙해서 쓸모가 있어진다. 이런 난자의 제한성은 여성이 배우자를 선택할 때 신중한 태도를 취하게 만들었으며, 이로 인해 남성과 여성은 매우 다른 태도를 가지고 이성을 대하게 되었다.

나는 남성의 원시적인 성적 욕망을 여성이 조직의 톱 리더가 되기 어려운 이유 중 하나로 본다. 남성 리더들은 프로페셔널한 상황에서 여성에게 성적 끌림을 받을까 늘 두려워하기 때문이다. 남성들은 늘 성적인 감정으로부터 관심을 돌리기 위해 엄청난 노력을 기울인다. 그러나 완벽히 통제하는 것은 거의 불가능에 가깝다. 많은 남성들은 아직도 여성이 자신들처럼 성적 느낌을 가진다고 착각한다. 이것은 직장에서 여성들이 성추행을 더 자주 당하는 이유와도 연관된다.

여성의 유혹에 대한 남성의 양가감정은, 원천적인 두려움으로 상징화되어 인간의 역사에 꾸준히 흐르고 있다. 유혹적인 여성이 남성을 무너지게 한다는 보편적인 이야기를 우리는 수없이 봐왔다. 오래 전부터 유혹을 하는 여성은 남성을 몰락시키는 원인으로 받아들여졌다. 예를 들면, 힌두 종교에서 여성 신인 '칼리'는 모성의 사랑과 연관이 있을 뿐 아니라, 죽음, 성, 그리고 폭력과 연관되어 있다. 파괴의 여신으로서 그녀는 새로운 창조를 위해서만 파괴시킨다. 불교에서 '마라'는 고타마 싯다르타의 수행을 무너뜨리려는 아름다운 여성 악마이다. 크리스트교적 설화에는 걸신들린 듯 성욕이 넘치고, 남성을 거세하고, 거미처럼 성관계 후에 남성을 잡아먹는 스토리가 흔하다. 이슬람 문화권에서는 여성의 성적 권력에 대한 격리와 감시가 필요하다고 본다. 현대의 대중문화에서도 이와 같은 인식은 유효하다. 영화 〈원초적인 본능〉에서 여자 주인공은 성관계 후에 얼음송곳으로 남성을 살해한다.

이 주제는 오늘날에도 여전히 살아 있으며 흔히 접할 수 있다. 그렇다면, 성적 상상으로부터 남성과 여성을 보호하는 방법은 없을까?

국가의 경제 발전의 요소 중 하나가 '인적 자본'이다. 만일 우리가 여성에게 적절한 취업과 승진의 기회를 주지 않는다면, 우리 사회는 잠재력의 절반을 잃게 될 것이다. 양성평등은 단순히 여성들만의 이슈가 아니라 사회 경제적인 발전 측면에서 반드시 이루어야 하는 과제다. 남성과 여성이 모두 발전할 수 있는 조직을 창조하기 위해서 무엇을 할 수 있을까? 나는 세 가지 접근법을 제시하고 싶다.

첫째는 자각을 높이는 것이다. 이는 미묘한 성차별 문제에 태클을 거는 첫걸음이다. 고위 임원들은 대부분의 조직들이 여성 친화적이지 않다는 점을 명심해야 한다. 여성을 포용하는 조직을 만들기 위해서는 최고위층의 리더들이 나서야 한다. 조직 문화를 변화시키기 위해서는 성에 대한 편견과 암묵적인 규범들이 의식적 혹은 무의식적으로 여성들을 어떻게 배제하고 있는지 민감하게 살펴야 한다. 필요하다면 의식 개선을 위한 프로그램을 운영하면서 성적 상상력이 어떻게 이성에 대한 객관적인 판단을 방해하는지 알릴 필요도 있다.

둘째는 시스템적, 구조적인 개입이다. '자각'이 시작이라면, 그 다음은 구조적인 도구들을 투입하는 것이다. 남성이 리더인 조직은 여전히 위계 중심적이다. 상명하달 리더십이 통용되고, 개인의 성취보다 업무 중심적인 특성을 가지고 있다. 반면 여성 리더는 팀웍을 강조하고, 티칭, 멘토링, 코칭이 일반화된 사람과 관계 중심의 조직 운영을 한다. 일반적으로, 여성 중심의 조직은, 수평적이고 유연한 조직 구조를 가진다. 권력과 권위 그리고 의사결정 구조가 훨씬 분권화되어 있는 여성 리더 조직에 그동안의 성과 측정 시스템을 들이대는 것은 무리가 있다. 조직을 성 중립적으로 만들기 위해서는, 더욱 창조적인 성과 측정 지표, 보상과 혜택 시스템, 그리고 커리어 관리 시스템이 자리 잡아야 한다. 유연근무제, 자율출퇴근제, 파트타임과 재택근무, 집중 작업 주간과 업무 공유 등을 통해 일과 생활의 균형을 맞추는 노력도 필요하다. 최고 경영진은 또한 부적절한 성적인 농담과 성적 행위가 설 자리가 없는 포용적이고, 지지적이며 상호 존중하는 문화적 환경을 키워야만 한다. 조직문화는 남성과 여성의 특성과 니즈를 반영하여 성차별 없이 누구나 평등하게 성장할 수 있도록 끊임없이 진화해야만 한다.

셋째는 양성평등 인식 교육이다. 의식 개선 노력과 시스템은 임시방편에 불과할 수 있다. 어떤 변화든 진정한 출발점은 가정이다. 아이들은 부모를 통해 남성성과 여성성, 독자적 혹은 공동의 활동에 대해 배운다. 양성적인 특징을 가진 아이들은 스트레스에 강하다는 연구 결과가 있다. 우리는 아이들을 성차별 없이 양육해야 한다. 그래서 아이들이 여성, 남성에 대한 고정관념으로부터 자유롭게 해야 한다.

성별에 관계없이 동등한 사회적 기대가 있을 때 여성도 최고 임원 자리에 오를 수 있을 것이다. 조직 내의 규칙이나 프로세스를 관리하는 고위 리더들이라면, 남성의 성적 상상을 잘 관리할 방법을 생각해내야만 한다. 또한, 남성과 여성이 함께 생산적으로 일하는 포용적 조직을 만들기 위해 성 역할에 관한 뿌리 깊은 편견들에 맞서는 더욱 엄격한 기준을 세울 필요가 있다.

Question

☑ 당신의 조직은 어떻게 여성들을 대우하는가? 당신은 성차별을 경험한 적이 있는가?

☑ 당신은 여성을 당신의 주요 인재로 여기는가? 그중에 몇 퍼센트나 임원 자리에 있는가?

☑ 당신의 조직에서는 남성과 여성에게 동일한 급여와 혜택이 주어지는가?

☑ 여성으로서 사적이고 부적절한 질문이나 행동에 노출된 적이 있는가? 예를 들어 "아이 가질 거야? 왜 아이가 없어?" 또는 "어떻게 아이를 놓고 회사에 다녀?" 같은 질문을 을 들은 적이 있는가? 당신은 원치 않는 성적 접촉에 노출된 적이 있는가?

☑ 당신의 조직은 아이들 가진 커플을 위해 무엇을 하는가? 여성의 임신과 출산 휴가에 수용적인가?

☑ 부모로서 당신은 아들과 딸을 다르게 대하는가? 당신은 커리어와 관련된 대화에서 고정관념을 드러내지 않는가?

16장

이기주의를 극복하라
_일을 되게 하는 것

　전략을 실행하고 결과를 내기 위해서는 사람에 대해 잘 알아야한다. 여러 사람이 공동의 목표를 향하도록 이끄는 일은 절대로 쉽지 않다. 많은 고위 임원들은 어렵고 힘든 과정을 통해 구성원들의지지를 얻을 수 있었다. 모든 사람이 한 방향을 향하는 것은 매우어려운 일이다. 따르고자 하는 의지가 있다 해도 기술이 없을 수도있다. 때로는 팀워크을 저해하는 사람도 만난다.

　인간은 서른 살 정도가 되면 상대적으로 안정된 성품을 가진다고 한다. 물론 그 후에도 우리는 행동하고 활동하는 방식을 얼마든바꿀 수 있지만, 쉽지는 않다.

　많은 고위 임원들은 커리어 궤도의 정점에서 보인 행동 패턴의 결과로 그 자리에 도달했다. 비록 다른 사람들에게는 그것이 명백히 역기능적이라 해도, 개인은 지금까지 결과를 내온 행동패턴을 바꿔야 할 이유를 찾을 수 없을 것이다. 많은 리더들이 새로운 일을 할 때도 습관적인 행동을 계속한다. 그리고 원하는 결과가 나오지 않으면 다른 사람을 비난한다. 진실을 깨닫고 변화하기 위해 노력을 기울여도, 그들은 어떻게 다르게 일할지 모른다.

더 효율적인 리더가 되고자 스스로를 바꾸고 싶어 하는 임원들이 있다. 그들은 즉각적인 효과가 나타나는 처방을 원한다. 그러나 나는 좀 더 전통적인 방법을 권한다. 그룹 코칭 방법이 아주 중요한 역할을 할 수 있다. 예를 들어보자.

석유산업의 판도가 바뀌면서 글로벌 에너지 회사의 최고 경영진들은 회사의 성격을 바꾸기로 결정했다. 견고하지만 현실에 안주하고 있는 조직을 기술 집약적이며 지속가능성을 가진 회사로 개혁하려는 것이었다. CEO는 똑똑한 공대 교수인 짐을 최고 지식 임원으로 채용했다. 비슷한 시기에 기술, 제품, 서비스 부서의 부사장으로 또 다른 임원 존이 입사했다. 그는 석유 산업 분야의 경력이 많은 사람으로 대규모 연안 석유 시추 프로젝트의 두 번째 주주였다. 그러나 두 사람은 이미 비효율적인 조직을 더욱 비효율적으로 만들었다. 실제로 짐과 존이 온 지 몇 달 되지 않은 시점에 이 두 사람과 기존 임원진들 사이에는 전쟁이 일어났다.

회사는 연안 에너지 프로젝트에 상당히 집중하고 있었고, 데드라인에 맞추기 위해 상당한 압력을 받고 있었다. 그런데 임원진들은 프로젝트를 빨리 진행해야 한다는 긴박감이 별로 없는 듯했다. 공동의 목표를 향해 전략적으로 조화를 이루어 일하는 것이 아니라, 자원에 대한 영역 다툼을 벌이고 있었다. 예상대로 회사는 목표 달성에 실패했다. 분명한 목표가 있었지만 합의된 과정이 부재한 상황은 '조직적 실패'라는 쓴 결과를 낳았다.

CEO는 고위 임원진을 소집했다. 명목은 '고성과 팀 만들기 프로그램'에 참여하는 것이었다. 경험 많은 코치의 가이드에 따라, 서로의 관계, 작업 상황, 리더십 스타일, 그리고 조직의 문화를 돌아보며 성과를 내는 조직으로 거듭나는 것이 목표였다. 그러나 진짜 의제는 따로 있었다. 리더들이 전략적 일치를 이루어, 회사의 성격을 바꾸기 위한 바탕을 마련하는 것이었다.

내가 이들의 코치로 들어가 상황을 파악하는 데는 큰 노력이 들지 않았다. 회사의 사기는 저하되어 있고, 변화 프로세스는 멈춰 있으며, 연안 시추 프로젝트는 엄청난 비용만 치른 채 끝이 날 기미를 보이지 않았다. 회사는 적자의 문턱에 들어서고 있었다. 경영위원회는 팀이 아니라 밤바다에 지나다니는 배들의 무리처럼 서로 다른 방향으로 가고 있었다. 그들에게는 일관된 행동강령을 조직에 뿌리고 직원들을 하나로 묶을 능력이 없었다.

나는 고성과 조직과 효과적인 리더십에 대한 짧은 강의로 코칭을 시작했다. 그런 다음 경영위원회의 한 사람 한 사람에게 자화상을 그리게 했다. 그들의 머릿속, 심장, 위장, 과거, 현재, 일 그리고 여가에 무엇이 있는지에 대해서도 함께 그림을 그리도록 요청했다. 처음에는 불평불만과 회의적인 반응을 보였지만 곧 모든 임원들은 이 과제에 몰입했다. 자화상이 완성되자 모두의 그림을 벽에 붙이고, 가장 먼저 짐에게 자신의 그림을 설명해달라고 요청했다.

우리는 짐의 할아버지는 총명한 학자였지만 그의 아버지의 인생은 성공보다는 실패로 계속되는 실직에 대한 실망으로 점철되어 있음을 알게 되었다. 그는 많은 시간을 할아버지와 함께 보냈고, 그의 할아버지는 그의 아들에게는 부족했던 그의 열정과 호기심을 짐에게서 찾았다. 결과적으로 짐의 학자로서의 정체성은 점차 강해졌다. 회사에서 그는 리더라는 자리 때문에 자신의 창조성이 억눌려 있다고 느꼈고, 자신의 '재기발랄함'을 보호하기 위해서 무엇이든 했다. 이는 다른 임원진들과 거리감을 느끼게 했다. 여전히 팀원의 역할을 계속하는 것은 리더로서 자질이 부족함을 뜻했다. 그러나 그는 자신의 태도를 쉽게 바꿀 수 없었다. 그에게는 아버지처럼 되어서 그의 재능을 잃게 될 것에 대한 두려움이 내면에 깔려 있었다.

피드백 리포트를 통해 짐은 자신의 이런 행동이 구성원들의 몰입을 방해하고, 목표 의식을 약화시킨다는 것을 알게 되었다. 또 팀과 회사의 문제를 더욱 악화시키고 있다는 것을 깨달았다.

CEO를 포함하여 임원진 모든 이들이 이 과정을 거쳤다. 각자가 '주인공 자리'에 앉아 자신의 이야기를 말하고, 그룹으로부터 건설적인 피드백을 듣는 시간을 가졌다. 그 과정에서 서로에 대한 놀라운 것들을 발견했다.

임원들은 자신의 행동이 회사에 만연한 사일로 이펙트(silo effect, 조직의 각 부서들이 서로 담을 쌓고, 자기 부서의 이익만 추구하는 현상)를 강화시키고, 조직적인 학습을 일어나지 못하게 하고, 전략적 일치를 막고, 그리고 실행을 막고 있다는 것을 깨달았다. 이것을 받아들이면서 그들은 건설적인 논의를 하고, 서로의 지지 속에서 각자의 문제 행동을 수정하기로 마음먹었다. 예를 들면 짐은, 그의 전문 지식이 정말 필요한 미팅에 참여할 것을 약속했고, 이메일에 더 잘 답장할 것을 약속했다. 그는 또한 일을 조직적으로 할 수 있게 도울 비서를 고용하기로 했다. 다른 임원들은 그를 작은 이슈로 괴롭히지 않고, 혼자 생각할 시간을 보장해 주기로 했다.

참가자들은 다른 구성원들과 원활하게 의사소통하고 협업하기 위한 행동 리스트를 작성하였다. 그리고 그들 스스로 전략을 공유하고 실행력을 높이는 데에 기여할 수 있는 방법들을 찾아 액션 플랜을 작성하면서 프로그램은 마무리되었다.

그룹 코칭을 통하여 모든 임원들은 서로의 강점과 약점을 알게 되었고, 상호보완적인 관계를 통해 훨씬 큰일을 해낼 수 있다는 것도 깨달았다. 임원들은 서로의 격려자이자 감시자가 되어 액션 플랜을 지키지 못할 때 서로를 코칭해 주기로 약속했다. 그들은 처음으로 회사가 나아가야 할 방향에 대해 진정한 논의를 했으며, 계획을 실행하기 위해 각자 맡은 역할에 몰입하기로 했다.

몇 달이 지나고 회사를 방문한 나는 놀라운 모습을 보게 되었다. 임원들은 더욱 마음을 열고 서로 많은 아이디어를 교환하거나 진정한 대화를 나누고 있었다. 개인적으로는 강력한 책임감을 가지고 있었으며, 서로를 더욱 신뢰하게 되면서 두려움에 좌지우지되지 않고 있었다. 결정은 빠짐없이 실행되고 있었고, 회사는 앞으로 나아가고 있었다.

이제 모든 임원진들은 더욱 민첩한 학습조직을 만들기 위해 노력하고 있다. 짧은 그룹 코칭은 조직을 오랫동안 가로막은 주요 약점이었던 '실행'의 문제를 더욱 효율적으로 다루도록 해주었다. 또 리더가 서로를 이해하게 됨으로써 부서 간 이기주의를 극복하고 공동의 목표를 향해 진심으로 나아가도록 해 주었다.

Question

☑ 당신은 네트워크 중심의 조직을 갖고 싶지만 현실적으로 당신의 조직은 그렇게 되기 어렵다고 느끼는가?

☑ 당신의 회사는 학습 조직인가? 당신 조직의 구성원들은 서로에게서 배우는가? 당신의 조직은 다른 부서와 담을 쌓고 사는 사일로 조직인가? 사일로 행동은 어느 정도까지 용인되며, 이것이 인센티브 시스템에 연결되어 있는가?

☑ 당신의 미팅은 끝이 없고 지루하고 제자리에 멈춰 있는가? 일의 우선순위를 매기는 것이 어려운가?

☑ 만일 당신의 미팅이 효과적이지 않다면, 그것은 참석자 간의 갈등 때문인가? 임원들 간의 신뢰와 상호 존경 부족을 보완하기 위해 할 수 있는 일이 있는가?

☑ 당신의 조직에서 실행이 문제인가? 당신의 조직원 중 어떤 사람들이 미묘하게 일을 막는 수동적 성향의 행동을 하는가?

17장

나는 누구인가?

_정체성 이슈

'유럽'을 사전에서 찾아보면 '유라시아 대륙의 서쪽 끝부분'이라고 정의되어 있다. 하지만 오늘날 유럽에서 성장하고, 살고, 일하고 여행하는 사람들 몇 명이 유럽의 지형 혹은 국가 간 경계에 대해 생각할까? 유럽연합의 회원 국가 중 한 곳에서 태어난 사람들은 '유러피언'에 대해 어떻게 이야기할까? 카를로스의 답을 들어보자.

저에게 국가 정체성에 대해 질문하시네요. 저는 대답하기 어려워요. 제 어머니는 스페인 사람입니다. 저의 아버지는 독일인이고, 제 아내는 스웨덴 사람이죠. 스웨덴은 제가 자란 곳이고요. 지금 저는 영국에서 살고 있어요. 저는 아마도 유럽 사람이겠죠. 좀 더 복잡하게 이야기해보자면, 제 가까운 가족들은 다양한 종교를 가지고 있어요. 로만가톨릭, 루터교, 무슬림, 유대교 그리고 불교.사람들이 국적을 물을 때마다 저는 정답을 이야기하기가 어려워요. 저는 아주 어릴 때 이 혼란을 심하게 겪었던 것을 기억해요. 학교에서 문제를 일으켰죠. 저는 뿌리도 없고, 목적도 없는 것 같은 느낌으로 살아왔어요. 심지어 지금도, 제가 누군지 잘 모르겠어요. 물론 저는 문화적으로 풍부한 배경을 가지고 있죠. 하지만 때로는 공허해요.

카를로스는 출신 국가에 대한 정체성 위기를 겪고 있다. 그 이유 중 하나는 그의 다국적인 출생 배경일 것이다. 특정 국가, 종교 혹은 언어를 가지고 있지 않기에, 그는 모호한 '유럽인'이라는 정체성을 가지고 살아간다.

여기서 한 가지 의문이 든다. "정체성이란 무엇인가?" 하는 것이다. 사실 '정체성'이라는 용어는 아주 모호하다. 문화, 성, 직업적인 역할, 가족에서의 위치, 종교적인 소속 등 매우 다양한 레벨로 이루어져 있기 때문이다. 우리가 스스로 정체성을 아무리 정의한다 해도, 결국은 사회적인 정의를 따를 수밖에 없다. 정체성은 다름과 소속을 바탕으로 정해진다. 나는 남과 어떻게 다른지, 어떤 집단에 속해 있는지 증명함으로써 내가 누구인지 설명할 수 있다.

한편, 사람은 단 하나의 정체성만을 갖지 않는다. 카를로스의 이야기가 보여주듯이 한 사람이 많은 정체성을 가질 수도 있다. 그리고 그것들은 때로 서로 긴장 관계에 놓일 수 있다. 정체성은 시간이 지나면서 변하기도 한다. 우리는 경험에 계속성을 부여하기 위해서 스스로 정체성을 강화시키기도 하고, 의도적으로 새로운 정체성을 얻기도 한다. 스웨덴에서 태어난 독일-스페인계 카를로스는 일관성 있는 이야기를 하기 위해 정체성을 찾아 몸부림친다.

카를로스는 어쩌면 '유러피언'이라는 실험의 희생자일 수 있다. 유럽은 국가라는 경계를 허무는 쪽으로 변화하고 있다. 독특한 문화나 영토를 바탕으로 한 '국가'라는 개념은 흐릿해진 지 오래다. 이런 현상은 유럽 대륙에 사는 사람들에게 풍부한 문화 경험을 제공하지만, 큰 혼란을 가져오기도 한다. 또한 선동적인 정치가들에 의해 쉽게 깨어질 수 있는 것처럼 느껴져서, 피해망상적인 반응을 낳을 수도 있다.

다행히 모든 사람들이 이 정체성의 위기를 겪지는 않는다. 내면이 튼튼한 사람들은 이런 다문화적인 전통을 오히려 강점으로 사용한다. 유러피언이라는 정체성이 그들을 글로벌 환경에서 더 돋보이게 하고, 애초에 유러피언 경제 공동체를 만든 이들이 생각했던 것처럼 좀 더 세계 시민으로서 존재하게 해준다. 유럽 건국의 아버지들은 힘의 균형에 의해서가 아니라 유럽국가들 간의 화해에 의한 평화를 만들고자 했다. 그리고 미래에 일어날지 모를 전쟁을 막겠다는 생각으로 '유럽연합'이라는 기구에 참여했다.

하지만 여전히 유럽에 사는 소수의 사람만이 자신의 정체성을 '유러피언'이라고 말하는 이유는 무엇일까? '완전한 하나의 유럽'을 저해하는 요소 중 하나는 언어이다. 유럽연합에는 공통의 언어가 없다. 영어를 공통어로 제정하려는 시도는 국가 간의 민감성과 자존심 때문에 큰 저항을 겪었다. 종교 문제도 중요하다. 종교적인 다양성은 결혼과 관련된 법률, 가치관, 믿음, 태도, 그리고 행동에까지 영향을 미치고, 사람들이 일하고 서로 관계를 맺는 방식에도 피할 수 없는 영향을 미친다.

카를로스처럼 자신의 정체성이 불안정하다고 느낄 때 외국인 혐오 현상이 나타난다. 외국인 혐오는 자기 문화나 정체성을 잃을 것이라는 공포에 뿌리를 두고 있다. 외국인 혐오는 국경 밖에서 오는 이민자들을 배척하는 현상 등으로 표출된다.

그러나 이러한 피해망상적인 행동, 사회, 정치 문화적인 퇴보에도 불구하고, 최근 50년간 유럽인들의 지정학적인 인식은 매우 크게 바뀌었다. 센겐 조약(독일, 프랑스, 스페인, 포르투갈, 베네룩스 3국 등 유럽연합 12개국 중 9개국이 1985년, 국경에서의 검문검색 폐지, 여권검사 면제 등 인적교류를 위한 국경철폐를 선언한 국제조약. 현재는 30여 개 나라가 참여하고 있음)으로 인해 유럽 인구의 대부분은 자유롭게 국경을 넘나든다. 유럽연합은 현재 유럽의 가장 큰 단일 조직이다. 유로화는 여러 가지 어려움이 있었음에도 불구하고, 이제는 하나 된 유럽을 상징하게 되었다.

수없이 많은 다른 점이 있음에도 불구하고 유럽인들은 공통된 전통을 가지고 있다. 예를 들어, 유럽 사람들은 국가의 사회적인 책임에 가치를 둔다. 대부분 유럽인들이 국가의 사회 안전망 속에 살아가며, 이것이 침해받을 때 민감하게 반응한다. 물론, 유럽 내에서도 나라마다 의존도는 다르다. 부의 재분배를 통해서 시민들이 안정된 생활을 영위하는 적극적인 복지국가가 있고, 스스로 자기를 책임져야 하는 게 더 많은 나라들도 있다. 하지만 어떤 경우건, 삶의 질과 환경은 그들의 주요 관심사이다.

또한 유럽인들은 교육받을 권리를 인간의 기본 권리로 여긴다. 학문을 대하는 자세, 매체를 통한 비공식적인 교육 등은 유럽인의 정체성을 강화하는 주요 도구가 되어왔다. 지금까지 유럽 국가들은 서로 다른 교육 시스템(교육 과정이나 필수 과목)을 가지고 있었지만, 최근에는 공인 학위 취득 과정과 룰에 대한 통합이 논의되고 있다. 이런 작업을 통해 유럽인들의 교육적 성취 수준이 비슷해지길 기대하는 것이다.

평화를 유지하는 것도 유럽인들에게 매우 중요한 이슈이다. 유럽연합 국가들은 정치적인 목적을 달성하기 위해 군사력을 사용하는 것을 아주 주저한다. 유럽인들은 저항하고 반대하고, 정의를 실현하는 시민의 권리와, 두려움과 검열, 가난, 혐오 그리고 편견

없이 살아가는 것에 가치를 둔다. 그들은 양성평등을 지지하고, 소수민족 그룹을 존중한다. 그리고 민주주의가 적어도 가장 덜 악한 정치 형태라고 믿고 있다. 최근 동유럽 국가들이 유럽연합에 가입하면서, 일부 유러피언들은 공산주의체제에서 살아간다. 그들은 공산주의의 부정적인 면을 알고, 이러한 경험들을 녹여 새로운 방식의 삶을 꾸려나가고 있다.

유럽인들의 정체성 중 다른 지역과 차별화된 특징은, 문화적 경험에 많은 투자를 하는 것이다. 유럽의 영화와 음악 산업, 예술 교육 등은 지속적인 문화 교류를 통해 유럽 전체로 퍼져나간다. 그중에서도 교육은 특히 그리고 또한 지속적인 문화 경험의 교류 등이 그것이다.

이러한 흐름들로 인해 유럽인들은 미국과 아주 다른 형태의 리더십을 가지게 되었다. 유럽형 리더십은 지금 우리가 사는 세계에서 아주 효과적으로 발현되고 있다. 미국형 리더십은 단기적인 성취를 지향하고, 금융 시장과 자본 시장에 과도하게 집중에 집중하며, 주주의 가치를 지나치게 단순화하는 경향이 있다. 반면 유럽형 리더십은 시민 사회에 의해 견제 받는, 좀 더 사회적인 책임감을 가지는 자본주의로 묘사된다.

유럽형 리더십 모델은 또한 장기적인 관점에 뿌리를 두고 있다. 그래서 유럽형 리더십을 효과적으로 발휘하려면 속도에 대한 욕심은 어느 정도 버려야 한다. 그러나 기억할 것이 있다. 초반에는 느릴 수 있지만 모든 구성원들이 리더의 방향에 동의하고, 의사결정 과정에 참여하며, 함께 실행하다보면, 점차 일을 해내는 속도는 빨라진다는 점이다.

유럽에서는 파멸이나 격변에 의해 변화가 일어나기보다, 점진적으로 천천히 일어나는 경향이 있다. 미국인들은 경영 기술과 스타일을 혁신적으로 발전시키고, 빠르게 받아들인다. 반대로 유럽인들은 받아들이기까지의 과정은 늦지만, 실행에 있어서는 망설이지 않는다. 유럽인들은 미국인들에 비해 사회적인 관점이 좀 더 강해서 덜 시장 주도적이고, 덜 경쟁적인 경향이 있다. 그들은 사회적인 가치를 좀 더 강력하게 믿고, 삶의 질과 웰빙에 관심을 더 둔다. 직장에서도 어떻게 구성원들의 동의를 이끌어내고, 일에 대한 동기부여를 할 것인지를 비중 있게 고민한다.

카를로스가 겪는 정체성의 혼란은 어쩌면 축복일 수 있다. 유러피언의 풍부한 전통을 가진다는 것은 글로벌 조직 내에서 큰 무기라는 것을 알아야 한다. 마음의 준비를 통해 개인으로서, 유럽인으로서의 누릴 수 있는 혜택을 받아들일 필요가 있다. 물론 한순간에 모든 혼란을 접고 관점을 전환하는 일은 쉽지 않다. 유러피언이라는 정체성이 안정적인 준거집단으로부터 분리되도록 하고, 불명확함과 취약함을 만드는 것은 자명한 사실이기 때문이다.

카를로스는 지금 자신의 정체성이 만들어지는 과정에 있음을 인식하고, 진짜 유럽 사람이 되어간다는 것을 인정하면 정체성의 혼란에서 차츰 벗어날 수 있을 것이다.

Question

☑ 당신은 '유러피언'의 의미를 생각해본 적이 있는가? 만일 당신이 유럽의 한 국가에서 태어났다면, 당신은 유럽의 일부분이 되는 것을 반기겠는가, 아니면 복잡한 감정이 들겠는가?

☑ 당신은 어떻게 개인적인, 그리고 국가적인 정체성이 만들어진다고 생각하는가? 이러한 정체성이 당신의 관점, 행동 그리고 의사결정을 내리는 데 영향을 미친다고 생각하는가?

☑ 당신은 국가 정체성에 대해 고민한 적 있는가? 당신이 사는 국가는 사회적인 가치나 규범(당신들에게 공유된 문화)이 명확한가?

☑ 요즘 같은 세상에서 어떻게 '나답게' 살 수 있다고 생각하는가? 당신은 주변에서 일어나는 변화를 어떻게 받아들이고 있는가?

☑ 국가의 정체성이나 부모님의 정체성이 당신의 가치관에 영향을 미쳤다고 생각하는가?

☑ 당신은 과거와의 연결성을 잃지 않으면서, 현재 당신에게 일어나는 변화를 받아들이는 것이 가능하다고 생각하는가? 과거와 현재 그리고 미래 사이의 딜레마를 극복할 수 있다고 생각하는가? 당신은 때로 '중간에 끼어 있다'는 느낌을 받는가?

☑ 다른 나라에서 당신의 나라로 들어오는 이민자에 대해 두려움을 느끼는가? 만일 그렇다면 당신은 이 두려움을 어떻게 해소하겠는가?

18장

만일 당신이 거기서 잘해낼 수 있다면
_해외근무

아우구스토는 라틴아메리카의 세일즈 책임자로 발령 나면서 브라질 상파울로로 이주했다. 다른 나라로 이사하는 일은 예상보다 훨씬 더 복잡했다. 전체적인 경험은 문화 충격 그 자체였다. 가족은 새로운 생활에 적응하느라 힘든 시간을 보냈다. 아이들이 새로운 학교생활을 시작하는 것도 쉽지 않았었다. 언어는 빨리 익혔지만, 예전의 친구들을 그리워했다. 아우구스토는 이것이 탐험이라고 생각했었다. 하지만 현실은 완전히 달랐다. 먼저, 집에 대해 번거로운 일들이 있었다. 작업자들은 오기로 해놓고 약속을 거의 지키지 않았다. 그들은 일정에 대해 들어보지 못한 것처럼 굴었다. 아우구스토는 본사로부터 버림받은 기분이 들었다. 사무실에서

장시간 일을 하고 지쳐 집으로 돌아와 아이들에게 성의 없이 책을 읽어주고, 이메일을 잔뜩 처리하고는 무너지듯 잠자리에 드는 일상이 반복됐다. 가족과 대화할 시간은 거의 없었다. 부부 간의 성생활도 존재하지 않았다. 아우구스토가 결혼생활에 대해 불만을 이야기했을 때, 아내 마리온은 그가 술을 너무 많이 마셨다고 쏘아붙였다. 하지만 긴장을 풀기 위해 술을 조금 마신 것이 뭐가 잘못되었단 말인가?

아우구스토는 본국으로 돌아가고 싶은 마음이 굴뚝같았다. 최근 일어난 단 하나의 긍정적인 시그널은, 예전에는 그를 무시했던 마리온이 관심을 보이기 시작했다는 것이다. 아마도 그녀는 부부 관계의 위기를 직감한 것 같았다.

마리온도 남편이 불행한 것을 알고는 있었다. 하지만 그녀는 새로운 일에 적응하느라 바빴고, 자신이 가정을 모두 돌봐야 한다는 부담에 짓눌려 있었다. 전환점은 그녀가 상파울로를 방문 중인 오랜 친구와 점심을 함께 하면서 찾아왔다. 그는 전문 코치면서 정신분석 치료가였다. 그는 남의 말을 잘 들어주는 사람이었으며, 그녀의 걱정을 듣고서 적합한 코치를 소개해 주었다. 이민자들을 상담해 본 경험이 아주 많은 사람이었다.

코치는 결혼생활의 어려움을 해결하기 위해서 부부가 함께 코칭을 받을 것을 제안했다. 코칭 시간에는 부부 관계에 대한 상담뿐 아니라 브라질에서 사는 방법까지 알 수 있었다. 브라질 사회에서 결정이 어떻게 이루어지는지, 어떻게 일을 되게 하는지 등 조직의 리더로서 알고 있어야 할 정보도 얻었다. 아우구스토는 점차 자신의 새로운 역할을 인지하고, 환경, 지역 문화, 단절된 느낌을 극복할 수 있었다. 코치는 해외에서 일한 경력이 앞으로의 커리어에 어떤 긍정적인 영향을 줄 것인지 설명해주었다. 더불어 본사로부터 더 나은 지원을 받으려면 무엇을 해야 하는지도 함께 고민해주었다. 코치의 조언은 아우구스토와 마리온 커플이 적응 문제를 다루는 데 있어서 아주 큰 도움이 됐다.

아우구스토는 늘 생각했다. 왜 회사는 그가 브라질로 이주했을 때 좀 더 적극적인 도움을 주지 않았었을까? 그러나 코치는 그들의 어려움이 전혀 특이한 것이 아니라고 말했다. 회사는 해외 주재원에 대한 그 어떤 계획도 가지고 있지 않았다. 본사에서는 그와 그의 가족이 먹고 살 길이 막막한 채로 내버려 두었다. 그가 브라질에서 할 일에 대한 명확한 지시가 없었고, 경력에 대한 지원도 없었다. 결정적으로, 본국으로 돌아갔을 때 어떤 일을 할지, 어떤 지원을 할지에 대한 지침도 없었다.

상당히 많은 해외 주재원들이 마리온과 아우구스토 같은 일을 겪고 있다. 그들의 코치가 이야기했듯이, 그들의 이야기는 전형적인 시나리오이다. 한 임원이 해외로 파견되고 열심히 새로운 일에 몰입한다. 그동안 배우자는 모든 자질구레한 일들을 도맡아 하도록 방치된다. 만일 새로운 나라에 잘 적응하지 못한다면, 해외 근무 발령은 인간관계나 결혼 생활을 위협한다. 새로운 나라에서 배우자가 경력을 더이상 유지할 수 없을 때 혹은 개인적인 자유가 제한될 때, 상황은 더욱 악화된다. 정체성의 위기가 찾아옴은 물론이다. 임원들은 특정 지위에 오르면 자주 이동하게 되어 있다. 때문에 새로운 환경에 성공적으로 적응하느냐 그러지 못하느냐는 리더로서 커리어의 성공과 실패를 좌우한다.

개발도상국 발령인 경우, 선진국 발령보다 훨씬 실패 가능성이 높다. 해외파견 실패의 주요 원인은 새로운 문화에 적응하지 못하거나, 해외파견과 동시에 주어진 미션을 완료하지 못하거나, 배우자가 취업 기회를 잃음으로써 생기는 경제적인 문제 때문이다. 실패 확률을 낮추기 위해 해외파견 전에 다문화 코칭을 실시할 필요가 있다. 이 코칭은 파견근무 당사자뿐 아니라 가족도 함께 참여해야 한다. 그러나 많은 기업들이 해외파견을 고려할 때 결혼 문제, 가족의 동기 부여와 심리적인 문제를 고려하지 않는다.

많은 회사들이, 해외 주재 임원을 선택하는 주요 기준으로 기술적인 역량을 꼽는다. 한 임원이 본국에서 일을 잘 해내면, 다른 나라에서도 동일하게 일을 잘해낼 것이라고 가정한다. 그들이 다른 문화 혹은 상황에 적응해야 하는 문제는 전혀 고려하지 않는 듯하다. 결국, 임원들은 그들의 방식으로 문제를 해결하려 든다. 이 과정에서 어떤 사람들이 잘못되면, 그 문제까지 해결해야만 한다.

성공적인 파견의 주요 요소는 문화적인 적응성이다. 문화적 적응성을 결정하는 가장 중요한 변수는 개방적인 마인드와 자신감, 모호함을 다루는 능력, 협력 능력, 그리고 호기심이다. 다른 요소는 주재 국가와 일의 종류에 따라 비중이 다를 테지만 정신적인 유연함, 안정적인 결혼 혹은 관계, 이전에 다문화 환경에 노출된 적이 있는지 여부, 신체적 정신적 체력이다. 문화 적응 능력이 좋은 임원들은, 한 문화에서 다른 문화로 이동하는 것이 쉽다.

선발 과정에서 후보자들의 감성 지능에 대해 관심을 많이 쏟을수록 파견근무의 성공 확률은 높아진다. 불행하게도, 선발의 기준은 너무나 자주 외부와 단절된 상태에서 고안된다. 파견국 사람들의 조언, 해외 주재원과 현재 동료들의 의견은 선발 단계에서는 거의 반영되지 않는다.

해외파견의 성공과 실패를 가르는 또 다른 요소는, 배우자와 아이들의 경험이다. 임원들이 중도에 파견근무를 포기하거나, 다른 나라에서 맡은 일을 마무리하지 못하는 가장 큰 이유는 배우자의 부정적인 반응 때문이다. 그럼에도 불구하고, 거의 모든 회사들은 선발과정에서 배우자를 인터뷰하지 않고, 여전히 매우 소수의 회사들만이 배우자 훈련 프로그램을 실시한다. 이런 부분에 대해 제대로 인식하지 못하면 결국 회사나 리더, 리더의 가족 모두는 아주 큰 비용을 치르게 된다.

교육과 인성 또한 파견근무의 성공과 실패를 가르는 중요한 역할을 한다. 예를 들면, 아이들이 어린 시절부터 더 많은 문화적인 경험을 할수록, 효과적인 리더십과 문화적인 공감 능력을 갖출 수 있다. 어린 시절에 다른 나라의 환경과 외국어에 노출되는 것은 성인이 되어 문화적인 다양성을 어떻게 다룰 지를 결정하는 중요한 요소가 된다. 다른 문화권의 정체성을 가진 부모 아래 태어났거나, 2개 이상의 언어를 쓰는 외교관, 혹은 해외 주재원의 아이들은 다양한 문화적인 환경에 노출됨으로써 유연한 사고를 가질 수 있는 이점을 가진다.

심리적학적으로, 해외파견 업무를 성공적으로 수행하려면 약간 역설적인 특징을 가져야 한다고 본다. 변덕스러울수록 성공 확률이 높기 때문이다. 주재원들은 카멜레온이 될 필요가 있다. 주변 환경으로부터 신호를 포착하고, 행동과 태도를 그에 맞춰 소화를 이루어야 한다. 이러한 높은 적응성의 단점은 타인에게 얄팍하다는 인상을 줄 수 있는 것이다. 그러나 카멜레온 같은 적응성을 가진 사람은 어떤 환경에서든 그들을 인도하고 지원해줄 수 있는 핵심가치를 찾아낸다. '무조건 현지인처럼 되는 것'은 답이 아니다. 하지만 그 나라 문화로부터 무심한 채 지내는 것도 아니다. 주재원으로 중간 지점은 어떻게 찾아야 할까?

주도적으로 해외 주재원을 준비시키는 회사에서는 글로벌 리더 개발 프로그램을 운영한다. 많은 조직들은 유망한 젊은 임원들을 본국 밖으로 내보내어 다양한 경험을 하게 한다. 문화적인 이해와 적응력을 개발할 수 있는 좋은 곳으로 말이다. 글로벌 리더십 양성 프로그램은 다문화적인 학습 모임 안에서 진행된다. 참가자들은 다양한 프로젝트를 함께 하며 다문화적인 마인드를 개발한다. 이 과정을 통해 효과적으로 자민족 중심주의를 타파할 수 있다.

해외 파견근무의 장점은 명확하다. 독립채산조직을 직접 책임지고 운영함으로써 일찌감치 손익에 대한 책임을 지는 훈련을 할 수 있다. 특히 여러 문화권의 사람들이 모인 글로벌 팀에서 리더십 경험을 하는 것은, 훗날 마주하게 될 어려운 장애물을 극복하는 능력을 연마하는 기회도 된다.

글로벌 회사들은 직원을 해외에 파견하기 전에 반드시 다문화 코칭이 필요하다는 것을 알아야 한다. 해외 근무 기간 동안에도 글로벌 리더십 개발 프로그램이 지속적으로 이루어져야 함은 물론이다. 특히 국제적인 환경에서 일하는 경험 많은 임원 코치들은 파견 근무자들과 그의 가족들이 현지에 적응하고 어려움을 헤쳐나가는 것을 효과적으로 도울 수 있다. 이러한 해외파견 패키지를 만드는 것은 모두에게 윈-윈 하는 제안이 될 것이다.

Question

☑ 해외파견을 떠나는 사람에게 무슨 조언을 해줄 것인가?

☑ 당신의 조직에는 해외 주재원을 위한 지원 시스템이 갖춰져 있는가?
현지 문화에 대해서 알려줄 수 있고, 현지 적응을 도와줄 사람을 소
개해줄 수 있는 네트워크가 있으며, 언제든 의지할 수 있는 사람이
있는가?

☑ 당신의 조직은 다문화 훈련을 제공하는가? 회사는 당신의 배우자와
아이들에게 관심을 가지는가?

☑ 본국으로의 귀환은 어떤가? 당신의 조직은 귀임자들을 제대로 돌보
는가? 역 문화 충격으로 어려움을 겪는 사람은 없는가?

☑ 당신이 처음으로 크게 '아하!'하고 새로운 문화에 대해 깨달은 순간
은 언제인가?

☑ 해외파견 임무를 좀 더 성공적으로 해낼 것 같은 사람에게서 당신이 찾은 특징은 무엇인가?

☑ 당신은 HR 부서가 어떻게 이 임무를 다루어야 한다고 생각하는가?

☑ 해외에 사는 것은 당신에게 어떤 영향을 주었는가? 무엇을 배웠는가? 당신은 변했는가?

19장

T타입의 리더

_직장에서 스릴을 추구하는 사람

유 그룹 영업 부사장 로렌스 데본은 CEO가 갑자기 그를 호출할 때면, 좋은 징조는 아니라는 것을 알고 있었다. 이번에도 일은 벌어지고 말았다. 그는 왜 대체 계속 그런 혼란에 스스로 빠져드는 것일까? 로렌스를 아는 사람들은 그를 전형적인 자극을 추구하는 사람이라고 본다. 위험을 감수하기를 좋아하는 사람. 내로 그의 동료들은 어떻게 그렇게 떠들썩한 생활방식을 감당할 수 있는지에 대해 놀라워한다. 그는 보통 사람들보다 혼돈을 참아낼 수 있는 탁월한 능력을 가진 것이 분명했다. 그는 일이 잘 되지 않을 때 침착성을 유지하는 능력도 가지고 있다.

그러나 불행히도, 이러한 행동 방식은 그를 대하기 어려운 사람으로 만들었다. 사무실에서의 삶이 지나치게 예상대로 되어갈 때, 그는 지루함을 느꼈다. 주변 사람들은 그가 조용할 때면 뭔가 일을 일으킬 준비를 하고 있다는 것을 알고 있었다. 사무실의 많은 사람들은 그의 상사가 오직 그가 높은 매출을 일으킨다는 이유만으로 그를 참아내고 있다고 생각한다. 로렌스는 새로운 고객들을 확보하는 데(비록 최고는 아니라도)는 탁월한 능력을 가지고 있었다. 그는 또한 창의적인 아이디어를 잘 내는 것으로 유명했다. 그는 회사 내에서 가장 창의적인 사람 중 한 명으로 인정받고 있었다.

당연하게도, 그의 개인 생활은 엉망이었다. 로렌스는 재미난 것을 사랑하고, 줄담배를 피우고, 과음을 하는 도박꾼으로 알려져 있었다. 그의 거친 파티와 여성 편력은 악명이 높았다. 그의 휴가는 언제나 즐거움의 원천이었다. 로렌스는 행글라이더, 스카이다이빙, 그리고 번지점프를 포함한 익스트림 액티비티에 빠졌다. 그의 자동차 경주에 대한 열정은 늘 죽음의 문턱을 넘나들었다. 두 번의 요란스런 결혼생활을 했고, 언제나 아주 위험한 성적인 행동을 하며, 다수의 성적 파트너를 가지고 있다는 소문도 그를 따라다녔다.

최근에 회사 내의 한 사람이 로렌스가 자신의 아내와 바람을 피는 것을 공개해버리면서 그의 사생활은 충격적으로 망가져버렸다. 이 사건은 CEO의 관심을 끌게 되었다. CEO는 로렌스를 어떻게 할 것인가 고민을 시작했다. 그를 내보내야 할 것인가?

당신은 알려지지 않는 장소를 탐험하기를 좋아하는가? 당신은 일반적이지 않은 감각을 가질 수 있는 무섭고, 위험하고, 탐험적인 활동을 즐기는가? 당신은 요란한 파티에 가고 술을 마시고 마약을 하고 섹스를 하는가? 당신은 예상하기 힘들지만 흥분되는 사람들과 사귀기를 좋아하는가? 당신은 일상적인 활동을 지루해하는가?

만일 대부분의 답변에 긍정적이라면, 당신은 로렌스와 비슷한 무언가를 가졌을 수 있다. 당신은 사람들 중에서도 눈에 띌 것이다. 당신은 스릴을 찾는 사람일 것이다. 새롭고 아찔한 경험과 느낌을 찾는 당신은 위험을 감수하는 것에 매력을 느낄 것이다. 심리학자인 프랭크 파레이는 로렌스 같은 사람들을 'T타입' 또는 '스릴을 찾아나서는 성격'이라 했다.

우리 중 몇몇은 지루함의 임계치가 낮아서 조금만 자극적인 일에도 쉽게 자극된다. T타입은 훨씬 더 높은 지루함의 임계치를 가지고 있어서 그들이 흥분하려면 더욱 강한 스릴이 필요하다. T타입은 위험을 감수하고, 자극적이고, 흥분되고 각성되는 것에 중독된다. 극도의 위험을 감수하면서 혹은 억제되지 않은 행동을 함으로써 그들이 추구하는 흥분을 갖는다.

T타입이 알려지기 오래 전에, 정신과 의사 마이클 밸린트는 사람을 2개의 유형으로 구분했다. '오크노빌(탐험을 즐기지 않는 타입)'과 '필로밧(스릴을 추구하는 사람)'이다. 둘은 신경증의 스펙트럼 양 극단

에 있다. 심리학적으로는, 필로밧의 행동은 사람들이 우울하거나 불안한 상태로부터 스스로의 신경을 다른 데로 돌릴 수 있도록 해 주는 자기 치료의 한 방식으로 여겨진다.

밸런트와는 달리, 몇 명의 신경과학자들은 어떤 사람이 스릴을 추구하는가 아닌가는 발달적인 것이라기보다는 유전적인 것이라는 의견을 펼쳤다. 이러한 신경과학자들 덕분에, 스릴을 추구하는 사람들의 뇌의 구조가 위험을 싫어하는 사람들의 것과 다를 수 있다는 것을 알게 되었다. 이 차이는 왜 스릴을 추구하는 사람들이 그들의 신경수용체를 자극하는 중독성 물질이나 활동에 탐닉하도록 하는지 설명해 줄 수도 있다. 예를 들면, 로렌스 같은 스릴을 추구하는 사람들은, 즐거움과 만족을 뇌 속에서 기록하는 도파민 수용체가 적다고 하는 가정할 수 있다. 좋은 느낌을 가지기 위해서, 그들은 높은 수준의 엔도르핀이 필요할 수 있다. 엔도르핀이 웰빙의 감정과 고통을 완화시키는 역할을 하기에, 로렌스와 같은 사람들이 스릴을 추구하는 것은 놀라운 일이 아니다. 그들의 테스토테론 수준은 또한 영향력이 있는데 테스토테론은 거리낌없이 행동하는 것과 관련이 있다.

로렌스 같은 사람들은 아드레날린 중독자다. 그들은 위험하게 살기를 좋아한다. 그들은 살아있음을 느끼기 위해 죽음과 놀 필요가 있다. 그리고 이들 중 몇몇은 그들의 성격을 좋은 데에 사용한다. 반대로 어떤 사람들이 사이코패스 적인 행동에 관여한다. 그들은 범재, 폭력, 혹은 테러를 스릴을 위해서 저지른다.

그럼 우리는 이런 사람들을 어떻게 다루어야 할까? 그들을 도와서 전체적으로 사회에 적응하도록 어떻게 노력할 수 있을까? 어떻게 하면 그들의 특성의 긍정적인 측면에 채널을 맞추고 부정적인 면은 드러나지 않게 할 수 있을까? 어떻게 하면 그들로부터 최선을 이끌어 낼 수 있을까?

로렌스와 같이 자극을 추구하는 사람들은, 언제나 더 규칙적인 사회에서 문제를 일으킨다. 동시에 T타입들은 그들의 탐험적인 취향 덕에 과학, 경영, 행정, 그리고 교육 분야에서 최고 수준의 창의성과 혁신성을 만들어 낼 능력을 가지고 있다. T타입의 사람들은 조직의 프로세스에 대한 존중이라는 면에 혼란을 야기할 수도 있다.

T타입의 사람들은 자신에게 맞는 일을 선택할 때 매우 신중해야 한다. 그들은 지루함을 견디지 못하고, 만복, 일상적인 일과 자극적이지 않은 일을 하는 것을 싫어한다. 그래서 그들에게는 에너지를 건설적으로 쓸 수 있는 창의적 통로를 찾아줄 필요가 있다. 그들은 새롭고, 자극적이며, 전통적이지 않은 자리에서, 높은 수준의 융통성을 요구하는 비체계적인 일을 할 때 빛을 발한다.

T타입의 팀원을 관리하는 사람들은 그들의 정돈되지 않은 행동

을 개인적으로 받아들여서는 안 된다. 어떤 사람들은 정리 정돈에는 능하나, 창의적이지 않다. 또 다른 사람들은 매우 창의적이나 정리가 전혀 되지 않는다. 그들 성격의 자율적인 면을 허용하면서 체계적으로 일을 하게끔 돕는 일은 꽤 어렵다.

반대 성향을 가진 사람, 혹은 상호 보완적인 성격을 가진 동료와 팀을 이뤄 일하게 한다면, 서로의 약점은 상쇄되고 강점은 폭발해 시너지를 낼 수 있다. T타입의 사람들에게는 다른 사람들을 관리하는 역할을 주지 않는 것이 좋다. 인력 관리는 자유분방한 성향을 가진 그들에게 적합한 업무가 아니다.

로렌스는 최근 또 한 번의 일탈이 밝혀지면서 해고되었다. 그는 상당한 재능을 가지고 있었지만 모든 행동을 용인할 만큼은 아니었다. CEO는 로렌스의 사례가 조직 차원에서 학습의 기회가 되었길 바랐다. 다시 T타입의 사람이 등장했을 때 적절한 통제를 가하여, 그들이 자신의 재능을 펼치면서 허용되는 행동을 할 수 있도록 말이다. T타입의 유연함-변화 상황과 계속되는 역경에 쉽게 적응하는 능력-과 스스로 창의적인 해결책을 찾는 담대함은 어떤 조직에서든 큰 장점이 되기 때문이다

Question

☑ 당신은 계속 새로운 경험을 갈망하는가? 당신은 언제나 새로운 실험을 찾는가? 당신은 규칙을 부술 준비가 되어있는가?

☑ 당신은 위험을 감수하는 것을 좋아하는가? 당신은 무서운 것을 좋아하는가?

☑ 당신은 예상 가능한 사람과 언제나 당신을 놀라게 하는 사람 중 누구를 선호하는가?

☑ 당신은 높은 수준의 자극이 없으면 금방 지루해 하는가?

☑ 당신은 새로운, 자극적인 그리고 관습적이지 않은 활동과 유연함을 요구하는 비구조화된 업무를 좋아하는가? 혹은 구조화되어 있고 질서를 지키며 일상적인 일을 포함한 잘 정리된 일을 좋아하는가?

☑ 당신이 스릴을 추구하는 스타일이라면 어떤 조직 환경이 당신에게 가장 잘 맞는지 아는가이 당신에게 가장 잘 맞는지 아는가?

20장

빛나고, 빛나고, 빛나라
_스타가 되는 것에 대해

몇 년간 나는 조직 내에서 고성과를 내는 이들에 대한 연구가 꽤 역설적임을 보았다. 그들은 논란이 많은 행동을 보인다. 하지만 그들의 그 역설적인 행동들이 그들을 좋은 리더로 만든다.

초기에 스타를 골라내는 것은 매우 어렵지만 불가능하지 않은 이유는, 우리가 무엇을 찾는지 우리 자신도 확신할 수 없기 때문이다. 어떤 사람들은 '황금 유충'처럼 보이지만 결국 나비가 되지 못한다. 어떤 나비들은 갑자기 어디선가 튀어나온다.

무엇이 유충을 특별한 나비로 만들까? 어떤 특성들이 그들을 고성과자로 만드는가? 운 또는 특별한 요소가 있는 것일까? 또는 그들은 그저 적재적소에 딱 맞는 사람이었을까?

많은 리더들이 "스타는 타고난다"고 말한다. 정말 그럴까? 고성과자들에 대한 흔한 신화들을 알아내고, 그들의 공통적인 특성을 알아내는 데에 나의 관찰이 도움이 될 수 있을 것이다.

탁월한 리더들은 서로 다른 모양과 크기를 가지고 있다. 성공을 이룬 사람들은 다양한 특징을 가지고 있지만, 그 맥락을 파악해야 한다. 엄마 없는 아이가 없는 것처럼 은하계 없는 별은 없다. 은하계의 별이 매우 복잡한 인터페이스 안에서 빛나듯, 일하는 사람과 환경 사이에도 맥락이 존재한다. 사회의 정치적 상황, 조직 문화, 그리고 업의 성격, 조직의 생애 주기, 그리고 경제 상황 등 말이다.

수천 명의 고성과자 임원들의 이야기를 들어보면, 나는 스타가 되는 것은 운의 문제가 아니라는 것을 확신한다. 그것은 선택의 문제다. 그보다 앞서, 원인과 결과의 문제다. 비록 기회가 하나의 요소가 될 수는 있지만, 그것은 충분한 설명이 아니다. '내가 더 열심히 일할수록, 나는 더 운이 좋아졌다'라는 말은 생각보다 큰 진실을 담고 있다. 최고 성과자들의 이야기를 들어보니, 그들의 행운은, 순비, 기다림, 그리고 운의 조합이었다. 최고 성과자들은 공통적으로 엄청난 양의 힘든 일을 한다. 그리고 자신에게 다가오는 기회를 잡을 수 있도록 준비한다. 그들은 또한 어려운 상황을 긍정적으로 바라보는 법을 안다. 그렇게 스스로 스타가 될 기회를 증가시킨다.

단지 좋은 인맥을 가지고 있다 해서 스타가 될 수는 없다. 인맥은 분명 도움이 된다. 하지만 좋은 인맥에만 기대면 실패할 것이다. 대부분의 스타들은 그들 자신이 스타가 될 수 있는 방법을 본능적으로 이해하고 있다.

스타들이 공통적으로 가진 탁월함은 '운영 방식'이다. 그들은 모순을 겪어낼 줄 안다. 그리고 서로 상반되는 것을 조화롭게 만드는 재주가 있다. 심리학자 칼 융은 〈Mysterium Coniunctionis〉에서 한 방향 정렬, 함께함, 혹은 대립하는 사상 간 갈등의 해결 또는 이중성이 인간을 정의한다고 말했다. 이는 상반되는 것의 긴장을 안고 사는 능력을 뜻한다.

진짜 스타는 단기적, 장기적 관점, 행동과 숙고, 내성성과 외향성, 긍정주의와 현실주의, 통제와 자유, 거시적인 사고와 미시적인 사고, 하드 스킬(측정할 수 있는 구체적인 기술)과 소프트 스킬(측정하기에 모호하지만 중요한 기술)을 관리하는 창의적인 능력을 가지고 있다.

여기에 더해, 스타들은 미래를 보고, 단단한 감성 지능을 가지며, 계산된 위험을 감수하고, 그들 자신의 행동에 대해 책임지며, 큰 집요함을 가지고 일을 처리한다. 때론 성공적이진 않더라도 삶의 균형을 획득하기 위해 노력하고, 익숙하지 않은 것을 겁내지 않는다. 그들은 호기심이 많고, 상상력이 있고, 통찰력이 있다. 폭넓은 관심이 있고, 새로운 경험에 개방적이며, 새로운 아이디어를 가지고 노는 것을 좋아한다. 그들은 익숙한 것과 반복적인 일상을 지겹다고 생각하지만 모호한 것을 견뎌내는 커다란 인내 또한 가지고 있다. 새로운 일을 할 때는 시행착오를 감수하며, 돌아갈 것에 대한 준비도 되어 있다.

한 발 더 나아가, 그들의 행동은 전염성이 있다. 동료들은 스타들의 생각과 행동에서 영감을 받아 따른다. 스타들은 함께 일하는 사람들에게 실험할 수 있는 기회를 주는 경향이 있다. 스타들은 빠른 판단을 하지만 극단적으로 조심스러울 수 있다. 그들은 반항적이면서도 보수적이고, 유쾌하고 책임감 있고, 뒤도 돌아보고 선제적으로 나아간다. 그들은 사람들과 잘 어울리지만 혼자 있을 줄도 안다. 상상력이 뛰어나지만 현실에 대한 감각도 뛰어나고, 연역적 사고와 귀납적 사고에 모두 능하다. 스타들은 적재적소에 자신의 모드를 바꿀 줄 안다.

스타가 되고자 하는 사람들, 또는 스타를 쫓아다니는 사람들에게 좋은 소식이 있다. 고성괴자는 후천적으로 만들어질 수 있다는 것이다. 본성을 완전히 무시하지 않고, 자양분을 주는 것이 중요하다. 스타성은 타고나는 것이 아니다. 그들의 심리와 행동 특성은 학습될 수 있다. 당신의 성격은 어릴 때와 똑같은가? 아마 많은 사람이 "아니오"라고 답할 것이다. 우리의 성격은 여러 가지 요소에 의해 바뀐다. 스타성도 이와 같다. 어린 시절, 즉 사회 생활 초년의 경험은 스타성에 많은 영향을 끼친다. 초기에 토대만 제대로 마련된다면 훗날 이루어질 발전적인 행위들은 당신을 스타 탄생의 길로 인도할 것이다.

나는 최고 성과자들에 대해 40여 년간 연구해 왔다. 20여 년 이상 운영해온 1년짜리 CEO 세미나를 통해 나는 최고 성과자들이 가진 총체적이고 깊이 있는 심리적 상을 얻을 수 있었다. 풍부한 데이터뿐 아니라 나는 그들과 아주 친밀한 관계에서 그들을 지켜볼 기회를 가졌다. 나는 이 과정에서 그들의 회사 동료, 친구, 자녀들을 포함한 가족 구성원들의 피드백을 담은 720도 피드백 도구를 사용하여 고성과자들의 특징을 분석했다. 고성과자들은 다양한 맥락에서 어떤 성격과 행동 패턴을 가지고 있는지 알아보자.

팀원 중 잠재적인 스타가 보인다면 리더로서 어떤 역할을 해야 할까? 당신은 그들에게서 최선을 이끌어 낼 수 있는가? 어떻게 그들의 능력을 개발시킬 것인가? 나의 경험에 의하면 가장 효율적인 전략은 자기평가, 액션 러닝, 그리고 롤모델링을 하는 것이다. 물론 전문가의 코칭을 받는 것은 이 모든 것을 하는 데에 굉장히 도움이 된다. 최선은 이 모든 것을 다 동시에 사용하는 것이다.

스타가 되는 길은 내면에서 시작된다. 자기인식은 자존감을 만들고 자기확신을 만드는 중요한 요소들 중 하나이다. 자기인식은 무엇이 나를 이끌고, 힘들게 하고, 행복하게 하고, 어떤 것에 열정이 있는지를 이해하게 한다. 그래서 자기인식 후에는 내가 더 나은 사람이 되기 위해 무엇을 해야 하는지 알 수 있다. 우리는 스스로 잠재력을 모두 사용하지 않을 때가 언제인지 안다. 그리고 더욱 발전시켜야 하는 면에 대해서도 안다. 자기인식이 클수록 우리는 상상력, 창의성, 직관력, 의지 그리고 목표의식을 더욱 크게 발휘할 수 있다. 자기인식을 높이기 위한 가장 쉬운 방법은, 나를 바라보는 사람들의 여러 관점을 체계적으로 모으고 점수를 매기는 방법이다. 특히나 팀 안에서 이러한 다면 피드백이 이루어지면, 업무적으로 더욱 발전할 수 있어 매우 유용하다.

액션러닝은 서로 다른 기술 수준과 경험을 가진 사람들이 한 자리에 모여, 일의 진짜 문제를 분석하고 행동 계획을 개발하는 방식이다. 이는 일을 배움의 근간으로 삼는 방식으로, 일터 바깥에 모여서 학습 과정을 밟는 전통적인 방식과는 반대된다. 전사적으로 이런 학습 방식을 택하면 구성원들은 다른 사람들의 문제 해결법을 배울 수 있다. 액션러닝은 진짜 문제들을 학습의 근간으로 삼는다는 면에서 고성과자들의 매우 훌륭한 성장 방식이다. 미래의 주인공으로서 그들은 안전지대를 벗어나 다른 큰 잠재력을 가진 사람들과 교류하고, 배우는 기회를 가지게 된다.

우리 중 대부분은 모범사례를 통해서, 그리고 일을 시작하던 시기에 관찰한 롤모델로부터 배운다. 이 시기에 만나는 상사들은 개인의 업무 능력에 큰 영향을 미친다. 우리가 나쁜 상사보다는 좋은 상사들에게 더 많이 배우는 것은 분명하지만, 미래의 스타들은 나쁜 상사들로부터도 교훈을 얻는다. 덜 좋았던 경험들은 '그렇게 하지 말아야겠다'는 교훈을 주어 다른 사람들에게 그런 행동을 하지 않게 된다. 될성싶은 나무들은 경험 많은 리더들의 하루하루를 관찰하면서 보고 배우고, 질문한다. 그리고 관찰 결과를 자신의 업무에 적용한다.

수 년간, 나는 많은 스타들의 이야기를 들어왔으며, 실패는 성장을 위한 도전을 하지 않을 때 찾아온다는 것을 배웠다. 개인의 한계를 발견하는 유일한 길은 계속해서 새로운 과제에 도전하는 것이다.

'탁월함'은 복권 당첨 같은 이벤트가 아니다. 그것은 곧은 마음가짐을 가지고 꾸준히 정진하는 것이다. 그것은 평범한 것을 비범하게 하는 것이다. 언제나 일을 더 잘 해보겠다는 욕심을 내는 것이다. 성공하기 위해서 우리는 안전지대를 벗어나야만 한다. 대신 낯설고 알려지지 않은 것을 편안함을 느끼는 자세를 배워야 한다.

Question

☑ 당신은 자신에 대해 더 잘 알기 위해 얼마나 많은 에너지를 쓰고 있는가? 당신은 자신을 잘 관리하고 있다고 믿는가? 스스로에 대해 다면 피드백을 해볼 준비가 되어 있는가?

☑ 당신 개인의 가치관과 당신이 속한 조직의 가치관이 같은 방향을 바라보고 있다고 믿는가?

☑ 당신이 하는 모든 일에 열정적인가? 당신이 하는 모든 일에 많은 에너지를 투자하는가?

☑ 당신은 어렵고 도전적인 임무를 맡을 준비가 되어 있는가?

☑ 당신은 조직을 한 눈에 조망하는 시각을 가지고 있는가? 또 더 좋은 아이디어를 제공하기 위해서 현장을 섬세하게 관찰하는가?

☑ 당신은 어려운 상황도 긍정적으로 보는 법을 알고 있는가?

☑ 당신은 진짜 어려운 의사 결정을 할 용기가 있는가?

☑ 당신은 스스로 진정성을 가지고 있다고 믿는가? 당신은 함께 일하는 사람들로부터 신뢰를 받는가?

☑ 당신은 스스로를 팀플레이어로 보는가? 당신은 좋은 네트워커인가? 당신은 다른 이의 협조 요청에 적극적으로 응하는가?

☑ 당신은 사람들의 실수를 허용하는가? 만일 당신이 실수했을 때는 책임을 질 준비가 되어 있는가?

21장

최선을 만들어낸다는 것
_행복에 대하여

    칼은 불행했다. 사실 그는 아주 오랜 시간 그런 상태였다. 그는 일과, 삶, 세상, 그리고 거의 모든 것과 그 자신으로 인해 불행했다. 칼은 평생 자기 연민을 하며 살아왔다. 그의 세상을 보는 관점은 언제나 어두웠다. 칼은 자신이 불행을 몰고 다니는 사람이라고 생각했다. 삶은 불공정하며 그는 희생양이었디. 다른 사람들은 운이 좋은데 자신에게만 행운이 따르지 않는 것 같았다. 그래서 그들을 질투했고, 자신에게 친절한 사람들에게 그 어떤 감사도 표현하지 않았다. 아내는 그런 칼을 지긋지긋해 했다. 한편으로는 어찌할 바를 모르기도 했다. 그에게 잘해주려는 어떤 노력도 칼에게는 충분치 않아 보였다.

칼이 세일즈 부사장으로 일하는 직장에서도 비슷했다. 그의 부정적인 태도는 조직 내에서 전설이었다. 그는 일을 잘한 사람을 칭찬하는 법이 없었다. 그의 존재만으로 분위기가 가라앉고 생산성이 저하되었다. 그는 사람들에서 최악을 이끌어내는 재주를 가진 것처럼 보였다. 동료들은 그에게 끊임없이 긍정적인 접근을 요구했지만, 아무런 효과가 없었다.

칼이 어쩌다 시작하게 된 그의 직업을 좋아하지 않는 것은 사실이었다. 하지만 만일 그에게 좀 더 만족스럽고 의미 있는 포지션을 찾는 데 관심 있었을 거냐고 질문한다면, 그는 '불가능 한 일'이라고 답했을 것이다. 그는 언제나 위험을 앞에서 뒷걸음질쳤다. 그는 또한 돈에 대해 크게 걱정했다. 그리고 지위가 바뀐다면 재정이 불안해질 것을 크게 걱정했다. 그는 거의 모든 것에 흥미가 없었다. 단지 동네 바에서 혼자 한 잔 하는 것이 안쓰러운 그의 취미였다. 그를 아는 대부분의 사람들은 칼을 가리켜 '한 번도 최대의 능력을 발휘해 보거나 최대의 잠재력에 도달해보지 못한 비극적인 사람'이라고 생각했다.

칼의 이야기는 여러 가지 질문을 하게 한다. 누가 봐도 불행한 상황인데 왜 어떤 이들은 그런 상황에 만족하며 살까? 무엇이 이들을 다르게 할까? 왜 사람들은 스스로를 불행하게 만들까?

"삶에서 중요하게 여기는 것이 무엇입니까?"라는 질문을 던지면 가장 많은 사람들이 '행복'을 1순위로 꼽는다. 행복이란 무엇일까? 좋은 삶, 고통으로부터의 자유, 우리가 하는 모든 일의 결과가 좋게 나는 것, 번영, 우리 스스로에게 좋다고 느끼는 것, 즐거움과 기쁨을 아는 상태가 아닐까? 행복이란, 중국의 명언에서 찾아볼 수 있듯 '할 일과 사랑할 사람 그리고 희망하는 것이 있는 것'을 말한다.

행복은 지속되는 상태가 아니다. 짧은 순간, 찰나같이 지난다. 여기서 1분, 그리고 그 다음으로 또 한 번 문득문득 다가온다. 우리가 행복을 추구할수록, 그것은 더 쉽게 빠져나간다. 그래서 행복은 도달해야 할 목적지로 생각해서는 안 된다. 오히려, 목표로 향하는 여정 중에 느끼는 감정과 경험에서 자연스럽게 얻겠다고 생각하는 것이 좋다. 많은 경우, 행복과 슬픔은 서로 평행선상에 놓인다. 진짜 행복을 경험하고 싶다면, 우리는 진짜 슬픔을 만날 필요가 있다. 그렇게 되면, 불행한 기간들 그 사이에서 우리는 행복을 알아볼 수 있다. 아리스토텔레스는 인생에서 느낄 수 있는 행복을 2가지로 구분했다. 즉각적인 기쁨을 의미하는 순간적인 경험인 '헤도니아'와 잘 살고 있는 삶, 돌아봤을 때 본인의 인생에 대해서 만족하는 경험인 '유다이모니'다.

진화심리학자들은 어떤 주요 사건 이후 행복이 증가하거나 줄어들어 결국 원상태로 돌아가는 이유를 '헤도니아적인 다람쥐 쳇바퀴'의 이미지로 설명했다. 어떤 행복이든 얻는 것은 순간인데, 이유는 우리가 이 변화에 빨리 적응하기 때문이다. 우리에게 어떤 일이 일어나든지 우리의 행복 수준은 결국 감성적 심리적 기본점으로 돌아가게 될 것이다.

이러한 헤도니아의 쳇바퀴가 없었더라면 인간은 멸종을 맞았을지도 모른다. 우리는 살아남기 위해 합리화의 전문가가 되었다. 인간의 뇌는 전두엽의 기능 덕에 미래를 투사해 볼 수 있다. 우리가서 있는 곳의 전망은 늘 긍정적이지만은 않기에, 미래를 긍정적으로 예측하는 뇌 기능은 삶을 유지하기 위해 필수다. 어쩌면 우리의 심리적 건강과 생존을 위하여 긍정과 행복이라는 감정이 있는 지도 모른다.

헤도니아적인 쳇바퀴의 진화적인 요소를 고려할 때, 우리는 유전적인 것이 행복에 영향을 준다고 가정할 수 있다. 어떤 연구자들은 인간이 좋은 기분을 느끼는 것은 50% 정도는 타고나는 것이라고 보았다. 유전적인 것과 더불어 두 가지 변수를 생각해 볼 수 있다. 하나는 개인적 경험, 즉 우리 인생에 일어나는 사건들이다. 어린 시절 트라우마나 전쟁이나 부상과 같은 극단적인 경험 이후에 따라오는 정신적 외상 스트레스는 행복에 대한 주관적 경험에 부정적 영향을 끼친다. 두 번째는 긍정 심리학자들이 주장하든 우리의 의도적인 행동들인데 이는 40%를 차지한다고 보았다.

이러한 연구들은 우리가 우리의 행복에 영향을 끼치는 것을 선택할 수 있음을 제시한다. 행복은 마음먹기에 따라 더 많이 느낄 수 있다. 이는 칼도 변화하고자 한다면 매우 행복해질 수 있음을 의미한다.

그러나 사람들을 행복하게 혹은 불행하게 만드는 것은 단순히 개인 성격에 관한 문제만은 아니다. 이것은 우리가 살고 있는 사회와도 관련이 있다. 세계보건기구(WHO)에 의하면, 20명 중 1명이 우울증을 겪고 있다, 세계적으로는 3억 5천만 명, 미국에서는 12세 이상 10명 중 1명이 항우울제를 복용하고 있다고 한다. 이러한 불행한 통계들은, 세계 행복 보고서를 발간하게 만들었다. 그 보고서의 내용은 실제적인 인구당 GDP, 기대 수명, 사회적인 지원, 삶의 선택을 할 수 있는 인지된 자유, 부패로부터의 자유, 그리고 관용 등의 요소를 고려하게 하였다. 세계에서 가장 행복한 사람이 많은 나라는 '덴마크'이다. 반면, 가장 불행한 나라는 '부룬디'다.

당연하게도, 높은 수준의 불행을 가진 나라는, 경제적, 정치적 또는 사회적인 격변 혹은 이 셋 모두의 결합에 영향을 받아 갈등을 겪고 있다. 반면, 직접민주주의 즉, 우리 사회와 정부에 영향을 미칠 수 있는 가능성은 우리의 삶의 질을 향상시킬 수 있다. 세계 행복보고서와 유사한 조사결과들은 기본적인 자유가 행복에 필수라는 것을 보여준다.

흥미로운 것은, 한 국가의 인적지원(사회적 구조)과 자연자원(자연)은 재무적 자원(수입)보다도 사회적 행복을 결정하는데 더 영향이 클 수 있다는 것이다. 더 많은 돈을 가진 사람이 다른 사람보다 더 행복하다는 것은 맞지 않는 가정이다. 수입과 행복의 연관성은 그리 크지 않다. 아이러니하게도 우리의 행복은 GDP가 상승할수록 떨어진다. 우리가 기본적인 필요(의식주)를 채울 수 있는 충분한 자원을 가지게 된 후로는 돈을 무한정 더 가지는 것이 덜 중요 해진다는 뜻이다.

사실, 돈을 더 많이 버는 것은 우리를 덜 행복하게 만들 가능성이 있다. 물질적인 것들에 사로잡히는 것은 개인적으로 해롭다. 사람들은 불행과 불안전한 감정에 사로잡혀 돈벌이의 쳇바퀴에 갇히거나, 돈벌이에 더욱 몰두하게 된다. 욕심은 넓은 범위의 심리적인 육체적인 건강문제와 연관성이 있다.

물질적인 부는 상대적인 개념이다. 심지어 상당한 재산과 높은 수입을 가진 사람은 자신들보다 형편이 더 나은 다른 사람과 비교하며 불행을 느낀다. 잘 산다는 인식은 상대적이다. 우리 자신이 비교하는 사람들보다 우리가 더 나을 때만, 우리는 잘 산다고 느끼기 때문이다.

차이가 클수록 불행도 커진다. 사회 계층 간의 소득의 심각한 불균형은 한 사회의 행복도에 부정적인 영향을 끼친다. 여러 연구들에 의하면 이 간극이 큰 나라들이 행복도가 낮고, 작은 나라들의 행복도가 큰 경향이 있다.

그래서 우리는 어느 정도로 행복을 추구해야 한다는 것인가? 우리는 스스로 행복의 가능성을 높일 수 있을까? 그렇다면 어떤 단계를 밟아야 하는가? 칼이나 그와 같은 이들에게 어떤 희망을 가질 수 있을까?

행복 상태를 개선할 수 있는 몇 가지 방법이 있다. 행복에 관한 연구는 우리가 인생의 부정적인 면에 빠져 사는 것을 가능한 피해야 한다고 한다. 불행한 사람들은 부정적인 생각과 화, 분노, 질투와 같은 감정을 관리하는 데 더 많은 노력을 해야 하고 긍정적인 생각과 공감, 마음의 평화, 그리고 감사와 같은 태도를 키워야 한다. 칼은 자신이 받은 축복보다는 어려움을 찾아내느라 시간을 보냈던 지난 날과 작별하고, 인생을 목적이 있는 삶에 맞춰 재조정할 필요가 있다. 가치와 흥미에 잘 맞는 활동을 찾고, 행복한 순간을 만드는 길을 고려할 수 있다. 즐거움을 찾기 위해 술을 마시는 대신에 그는 더욱 적극적이고 무언가를 행해야만 한다. 무언가를 하는 것이 행복을 늘 가지고 오는 것은 아니지만, '행함' 없이는 행복은 없다.

칼은 친구들과 가족들과 질 좋은 시간을 갖기 위해 관계를 정리하고 재정립해야 할 것이다. 좋은 관계는 행복의 필수 요소이다.

칼은 또한 관계들을 새로 구축하거나 다시 구축해야만 한다. 그러면 그는 가족과 친구들과 소중한 시간을 보낼 수 있다. 좋은 관계는 행복에 필수 요소이다. 그가 다른 사람과 관계를 맺는 방법이 더 긍정적으로 될수록, 사람들은 그를 훨씬 더 좋아하게 될 것이고, 그는 행복을 느낄 수 있을 것이다. 이러한 재구축 과정의 일부는 그에게 스트레스를 유발할 수도 있다. 이러한 재정립 과정은 그가 그에게 스트레스를 불러일으키거나 불쾌하게 하는 사람들과 거리를 두는 것도 포함한다. 역기능적인 우정을 끊는 것은 어떨 때는 나쁜 것이 아니다. 우리는 애초에 가지 말았어야 하는 곳에 다시 가는 것을 멈추어야 한다.

우리에게 주어진 축복을 곱씹어보는 것도 중요하다. 우리 삶에 있는 좋은 것들에 감사하도록 노력하는 것은 우리의 정신적인 건강에도 기적을 낳는다. 행복은 때로 다른 사람들을 기쁘게 해주는 노력의 부산물이다. 만일 칼이 지금까지와 반대로 자신의 인생을 평가한다면, 그는 새로이 보이는 것에 놀라게 될 것이다.

우리는 언제나 행복할 수는 없다. 하지만 우리는 우리 자신과 다른 이들을 위해 행복을 창조해 낼 수 있다. 이것은 노력해볼 만한 가치가 있는 일이다. 행복한 사람들은 높은 수준의 일을 해내며, 그들의 개인적인 장점을 발휘할 줄 안다. 행복한 사람들은 다른 사람의 웰빙을 위해서 자신을 헌신할 수 있다. 또한 경제, 사회, 도덕적, 영적, 그리고 심리적인 면에서 다양하고 유익한 방식으로 사회의 도덕성을 높이는 데에 기여한다.

　우리의 개인적인 행복의 정도는 우리의 선택, 우리의 내적인 태도, 우리가 관계에 접근하는 방식, 우리의 개인적인 가치 그리고 우리의 목적의식에 크게 영향을 받는다. 우리는 우리의 행복을 창조하는데 큰 책임을 가지고 있다. 가장 행복한 사람은 모든 면에서 최고의 것을 가진 사람이 아니라, 주어진 것에서 최고를 만들어내는 사람이다.

Question

☑ 당신은 좋아하는 사람들의 네트워크를 가지고 있는가? 당신은 정기적으로 그들을 만나는가?

☑ 당신은 정기적으로 운동을 하는가? 그리고 늘 충분히 잠을 자는가?

☑ 당신은 매일 친절을 베풀기 위해 노력하는가?

☑ 당신은 인생에 긍정적인 영향을 준 사람들에게 감사를 글로 전하는가?

☑ 당신은 정기적으로 밖으로 나가 자연에서 시간을 보내고 의식적인 자아성찰의 시간을 가지는가?

☑ 당신은 정기적으로 디지털 도구들을 사용하지 않는 시간을 가지는가?

☑ 당신은 하루 동안 당신이 잘한 일에 대한 것을 포함하는 일기를 쓰는가?

3부

Just rolling;

다시 돌다 ────────────

22장

흑과 백 그리고 회색
_이분법적인 리더십 스타일을 극복하기

　조앤을 아는 대부분의 사람들은 그녀가 다루기 쉽지 않은 사람이라는 것을 안다. 그녀는 금방 사람들을 긴장하게 했다. 물론 그녀의 행동이 모두 나쁜 것은 아니었다. 고위 임원의 한 사람으로 그녀는 많은 훌륭한 특성들을 가지고 있었다. 그녀는 창의적이고, 능력 있으며 그녀의 산업에 대해서 매우 많은 것을 알고 있었다. 그런데 왜 이러한 모든 재능들과 함께 그녀는 많은 극적인 일에 엮이는 것일까? 그녀의 관점은 왜 그렇게 경직되어 있을까? 왜 분노폭발, 모든 사안과 사람들에 대한 끊임없는 비판, 반쪽짜리 진실, 소문 퍼뜨리기와 조작인가? 왜 그녀는 사람들에게 이쪽 아니면 저쪽을 선택하게 하는가? 그녀는 대부분의 상황에 중간 지점이라는 것이 있다는 것을 모르는가? 그러면 조앤의 사전에 '타협'이란 없는가?

조앤은 이분법성 리더십 스타일로 표현될 수 있었다. 그녀는 모든 것이 비슷하게 갈라져 있는 삭막한 대비된 세상에서 살고 있다. 그녀는 사람은 좋은 사람과 나쁜 사람뿐이다. 이런 행동의 결과는 그녀가 가는 곳이면 심한 갈등으로 드러났다.

회사에서 임원들을 대상으로 평가의 하나로 시행된 360도 다면 평가의 충격적인 효과가 아니었다면 조앤의 유독성은 조직을 관통하고 모른 채 지속되었을 것이다. 보고서에는 그녀의 동류와 부하직원들이 어느 정도 그녀의 역기능적인 행동에 질려 있는지가 드러나 있었다. 그들의 피드백에 의하면 그녀가 조직에서 만들어 내는 혼란은 모든 사람들을 미치게 만들고 있었다. 그녀의 행동은 매우 전염성이 강했고, 전체 조직에 문제를 일으키고 있었다.

360도 피드백에 근거하여, 조앤의 상사는 그것을 문제 삼았다. 그가 관여하는 한 그녀가 행동을 바꾸지 않는다면 그녀가 기대하고 있는 승진은 일어나지 않을 것이다. 동시에 그녀의 특성과 그녀의 업적을 인정하여, 그는 그녀의 변화에 대한 노력을 도와줄 코치를 선임하였다. 나는 예전에 그 회사의 CEO를 코칭한 적이 있기에 조앤의 코치가 되었다.

나는 그 코칭 프로젝트를 수락하는 것을 망설였다. 지난 경험에 의하면 그러한 이분법성의 리더십을 가진 리더들을 코칭하는 일이 쉽지 않기 때문이다. 그들은 코칭 개입에 배우 저항적이며, 어떤 행동변화를 하게끔 시도하는 것을 공격으로 받아들였다. 조앤과 같은 사람들은 그가 동료나 부하직원을 미치게 하는 것처럼 코치도 미치게 할 수 있다.

코칭을 성공적으로 만들려면 조앤과 안정적이고 긍적적인 관계를 만드는 것이 중요했다. 그러나 그녀의 세 번의 결혼 실패는 그녀의 관계 형성 기술에 대한 자신감을 불러일으키지는 못했다. 그녀의 세상을 좋은 것과 나쁜 것으로 양분하는 방식은 그녀의 개인적 인생에도 수많은 불행을 가지고 왔었다. 내가 그녀의 코칭을 수락하는 것은 이것을 내가 알고 있기 때문이었다.

사람들을 적과 친구로 나누는 전술은 인간의 기본 특성이다. 사람들은 언제나 우주를 밝은 좋은 세상과 어두운 악마의 세상을 구분하기 위해 애써왔다. 이런 종류의 양분은 매일의 새상으로 넘어왔다. 어디에 가건 우리는 선과 익, 부정과 긍정, 영웅과 악당, 친구와 적, 숭배자와 이단과 같은 흑백의 이야기를 만들어 냈다. 종교는 더욱이 숭배자와 이단, 기독교와 유태교, 무슬림과 기독교를 구분하는 데에 열중한다. 정치도 마찬가지로 삭막하게 공화당과 민주당, 토리당과 노동당 등과 같이 세상을 양분한다.

대부분의 행동 패턴처럼, 편가르기는 어린 시절에서 유래하며 우리의 부모가 그들의 자녀들을 다루는 방식이다. 이런 편가르기는 불안정하거나 실패한 애착 행동 패턴이다. 애착 행동은 우리 모든 관계의 양식이다. 효과적인 대인관계를 만드는 일은 유아와 양육자 간의 관계, 양육자가 아이와 어떤 식으로 상호작용을 했는지에 상당히 영향을 받는다. 유아가 모호함을 견딜 수 있는 발달 단계에 이르면, 그들의 감성 지능과 사회적 지능의 근간이 마련이 된다. 그러나 어린 시절 너무 많은 갈등과 불화에 노출되면 경계 형성이 불분명하고 불안정하게 되어 아동은 모든 것을 좋은 것 아니면 나쁜 것으로 나누고, 모든 사람들과 상황들을 이들로 범주화 하게 된다.

편 가르기 또는 모 아니면 도 사고방식은 자신과 다른 사람들의 긍정적인 면과 부정적인 면을 통합하는 것을 잘 못하는 것이다. 이 것은 상반되는 태도를 화합하고 우리가 어떤 사람이나 사안에 대해 긍정적인 감정과 부정적인 감정을 동시에 가질 수 있다는 것을 받아들이는 능력이 없기 때문이다. 그리고 편 가르기가 흔한 방어 기제임에도 불구하고 어떤 사람들에게, 특히 발달에 문제를 가지고 있는 이들에게는 이것은 특정 방어기제가 된다. 이런 자세는 그들에게 분명함을 선사한다. 그들은 명확한 구분을 하고, 혼란스러운 경험이나 정보를 범주화하여 의미를 부여할 수 있게 된다. 그러나 다면적이고 복잡한 세상을 이분법적인 눈으로 바라보는 것은 인지왜곡을 가지고 오고 우리는 매우 주요한 세부 사항들을 놓치게 한다.

조앤이 양분된 사회에 사는 것은 자기 기만행위라는 것을 깨닫게 해주는 것이 나의 첫 번째 도전이었다. 그녀는 앞으로 나아가 인생의 미묘한 시각을 가질 필요가 있었다. 먼저 그녀는 그녀가 그녀의 내적인 생각, 신념, 욕구와 의도에 대한 이해가 너무나 없다는 것을 받아들여야만 했다. 이것은 그녀가 다른 사람들의 욕구와 동기를 해석하는 것을 극단적으로 어렵게 만들었다. 그녀는 그녀와 다른 사람들의 마음을 읽는데, 다른 사람들의 속마음을 보고, 자신이 다른 사람들에게 어떻게 보이는지를 보는데 더욱 능숙해지는 것을 필요로 한다.

조앤을 돕는 일은 살얼음을 걷는 것과 같았다. 나는 그녀에게 피드백을 주는 데에 매우 신중했어야 했는데 이는 그녀가 비판에 얼마나 폭발적인지 알기 때문이다. 오랫동안 조앤은 편 가르기를 해왔다. 내가 그녀의 감정적 니즈를 맞춰주느냐 아니면 그녀를 긴장하게 하느냐에 따라 나는 좋은 사람이기도 했나가 나쁜 사람이기도 했다. 그녀는 그녀가 그녀의 과도하게 단순화된 흑백 논리를 지지할 명분들을 선택적으로 택하는 자기 기만에 빠져 있다는 것을 전혀 모르고 있었다. 나는 조앤이 불안에 압도되는 것을 방지하는 그녀만의 방식을 계속 상기했다. 이는 그녀가 스스로 가치 있는 사람이라는 느낌을 지키는 방식이었다. 내가 한 일은 그녀의 이러하나 평가를 바로잡고 그녀가 마주하는 상황을 더욱 현실을 기반으로 하여 생각하도록 돕는 일이었다.

그녀의 직장에서의 관계에 집중하는 대신, 나는 그녀가 나와 그녀 사이에 일어나는 일에 대해서 생각해보도록 했다. 코칭 관계에 집중하고 무슨 일이 일어났을 때 설명을 제공하는 이야기들을 만들어 냄으로써 그녀는 그녀 스스로에 대한 인식과 그녀의 나에 대한 인식을 대조할 수 있게 되었다. 진정 도전은 그녀와 나의 입장에서 대안적인 해석과 의도를 탐색함으로 해서 그녀의 심리적 감수성을 높이는 것이었다. 사실 조앤은 다른 사람들을 공감하고 사람들을 편안하게 해주는 방법, 그리고 그녀의 공포, 수치, 그리고 분노와 같은 감정을 통제하는 법을 배우거나 새로이 배워야 했다. 이는 특히 그녀의 불안 수준이 그녀의 초점을 좁혀서 오로지 잠재적인 위협에만 집중하도록 하고 있는 점을 깨닫게 한다는 면에서 특별히 중요했다. 그러나 이 주제로 작업을 할 때 우리는 지금 여기에 일어나고 있는 멘탈 프로세스를 이해하고 이전의 비슷한 상황에서 일어난 일들을 성찰하는 데에 공동 책임을 가지는 협동적인 코칭 관계를 형성하게 되었다.

조앤은 점차로 상황에 더욱 적절하게 반응하는 방법을 배워나갔다. 그녀는 그녀의 극단적인 기분의 변화에 주목하게 되었고 반응을 보이기 전에 그녀에게 무슨 일이 일어나는지 멈추어 생각하는 노력을 시작하였다. 그녀의 충동 통제는 개선이 되었다. 그녀의 이분법적 리더십 형태는 그녀의 두려움과 불안정성을 다른 사람들에게 투사하고 있음을 의미한다. 천천히 그러나 확실히 그녀는 우리 모두는 흠을 가지고 있고 그 누구도 흑이나 백은 아니며 그들이 회색일 수 있게 해야 한다는 것을 받아들일 준비가 되었다.

코칭 세션 이외의 그녀의 변화를 도와줄 두 가지의 중요한 기제가 있었다. 하나는 그녀는 일기였다. 이것은 그녀가 사안을 다른 사람들의 시점에서 보는 데 중요한 도움을 주었다. 그녀의 생각을 기록하는 것은 그녀가 부정적인 자기 기만적 사고를 보다 현실적인 것으로 바꾸도록 해주었다. 둘째로 조앤은 새로운 사람을 만나서 그녀의 행동을 안정시키는 영향을 주는 새로운 관계를 시작하였다. 나는 그녀가 그 관계를 유지하고 예전의 우정을 다시 재건하려는 노력을 하는 능력에 매우 고무되었다. 이러한 안정적 관계는 그녀가 그녀의 이전의 파괴적인 행동 양식의 이유를 이해하고 새롭고 더욱 생산적인 방식으로 사람들을 다루는 방식을 적용하는 실험의 장이 되었다.

이러한 변화가 매우 점진적으로 일어났지만 조앤은 결국 더욱 효과적인 삶의 방식을 찾아냈다. 코칭을 마치고 1년 후 그녀는 그녀가 꽤 잘하고 있고, 12개월 전에 상사에 의해 보류되었던 승진을 하게 되었다는 점을 자신 있게 이야기할 수 있게 되었다.

Question

☑ 당신은 사고의 유연성을 가지고 있는가?

☑ 당신은 사람들을 멍청이 혹은 엄청나게 대단한 사람이라는 두 부류로 나누어 세상을 단순화하는 경향을 가지고 있는가?

☑ 당신의 리더십 스타일은 흑백 논리 혹은 양자택일의 사고의 특징을 가지고 있는가?

☑ 당신은 사람이 동시에 좋기도 하고 나쁠 수도 있다는 것을 기꺼이 받아들이는가?

☑ 당신은 스스로 세상을 그렇게 극단적으로 인식한다는 것을 인식하고 있는가? 당신은 이러한 인식이 어디서 온 것인지 아는가?

☑ 당신은 세상에는 단 하나의 '옳은' 일하는 방법이 있다고 믿는 그런 부류의 사람인가?

☑ 마음을 다잡아도 당신은 다른 관점들을 받아들이는 것이 어려운가? 당신의 마음을 바꾸는 것이 너무 어려운가?

23장

실패의 두려움 또는 성공의 두려움?
_임원실의 한니발을 다루기

　기원전 218년 한니발은 45,000명의 남자들과 70마리의 코끼리를 데리고 알프스를 넘으면서, 군사 역사상 가장 기념비적인 위업 중 하나인 대여정을 시도하였다. 그의 전략적인 탁월함, 그리고 리더로서의 태도는 그를 모든 시대의 가장 위대한 군사령관 중 한 명으로 만들었다. 그가 더 큰 규모의 로마군과 벌인 칸네의 전투에서의 결정적인 승리는 대단한 전설이다. 한니발이 놓쳐버린 것은 그가 더 큰 상을 잡는데 실패한 것, 즉 로마를 얻지 못한 것이다. 비록 그가 여러 번 기회가 있었지만, 한니발은 그 도시를 공격해서 정복하는 것을 선택하지 않았다.

　한니발의 이런 중요한 지점에서의 우유부단함은 이해할 수 없는 군사 역사의 미스터리로 남아 있다. 그 도시를 얻기 위해서 단호한 노력을 하는 대신에, 한니발은 단지 기다리기만 했다. 만일 그가 더 나아갔다면, 그는 로마인들이 나중에 그의 고향 도시인 카르카고를 초토화시키러 간 그 로마를 약탈하고 해체해 버렸을 것이다. 대신, 15년 동안 그와 그의 군대는 전투에서 수적으로 열세임에도 불구하고, 이탈리아 주변을 돌아다니며 많은 시골 변방을 정복했다. 결국 로마의 북아프리카 역습은 한니발을 카르타고로 되돌아오게 했고, 스키피오 아프리카누스는 과감한 공격으로 그를 자마의 전투에서 패배시켰다.

심리학적인 관점에서 보자면, 왜 한니발이 그의 승리를 활용하여 가능할 때 로마를 침공하지 않았는지는 흥미로운 질문이다. 특히 답을 찾기 어려운 것은 이른 시절부터 그의 아버지는 그에게 로마에 대한 깊은 증오를 심어주었다는 것이다. 많은 사료에 의하면 한니발이 아버지에게 "나는 내 나이가 허락하는 최대한 빠른 시간에…. 나는 화염과 철로 로마의 운명을 끝내 버릴 것입니다." 라고 약속했다고 한다.

역사가들은 한니발이 왜 로마와 직접적인 전쟁에 개입하지 않았는지 많은 이성적, 전략적 이유를 생각해냈다. 가장 대중적인 이유는 카르타고에서 원칙적으로 포위를 하는데 필요한 장비인 사람과 돈, 그리고 물자를 대어주는 것이 부족했다는 것이다. 지속적인 지원 없이 한니발은 그의 동물들과 사람들을 오랫동안 먹일 수 있는 자원들을 가질 수 없었을 것이다. 하지만, 그 시대의 역사학자들 중 하나인 리비는 당시에는 한니발의 등장만으로도 로마는 공포에 질려 도시 전체가 항복했을 것이며 지속적인 포위가 필요하지 않았었을 것이라고 했다.

한니발의 행동에 훨씬 더 깊은 숨겨진 요인이 있었을까? 그가 근본적으로 성공을 두려워했을까?

나는 때때로 21세기의 한니발들을 조직 내에서 우연히 만나곤 한다. 팀은 전형적이었다. 아이비리그 대학을 졸업하고 팀은 최고의 전략 컨설팅 회사 중 한 곳에 직원으로 입사했다. 그는 그의 역할에서 아주 유능했고, MBA를 가기로 결정했고, 수석으로 졸업했다. 졸업 후에, 그는 제약회사에 입사했고, 빠르게 성장해서 기록적인 고속 승진을 하여 임원이 되었다. 하지만 그가 CEO의 자리를 승계자로 선택되었을 때, 모든 것이 무너져 내렸다. 팀은 중요한 의사결정들을 미루기 시작했다. 그는 덜 중요한 이슈들을 다루기 위해 중요한 프로젝트들을 제쳐 놓았다. 그가 중요한 의사결정들을 머뭇거리는 사이에 회사는 중요한 기회를 잃었다. 그의 명망은 그가 주요 주주들과의 미팅에서 술에 취한 채로 참석하기 시작하면서 타격을 입었다. 비록 처음엔 이사회 멤버들 모두가 걱정하면서 그에게 시간을 주었지만, 그들은 그를 해고할 수밖에 없다고 느끼는 시점에 도달했다.

왜 이전 직무에서 고성과자였던 그는 최고위 자리에 오르자 무능력한 사람이 되었을까? 왜 이 야망 있고, 재능 많은 사람이 CEO로서 살아남기가 불가능했을까?

직장에서 해고당한 뒤 우울한 상태에서, 팀은 나를 만나자고 요청했다. 그의 이야기를 들으면서, 그의 성공에 대한 명백한 두려움의 뿌리가 그의 어린 시절로 연결된다는 것이 명확해졌다.

나는 팀의 아버지가 삶에서 그리 성공하지 못했다는 것, 많은 사업적인 노력이 실패했고, 이러한 자질이 그를 매우 억울해하는 사람으로 만들었다는 정보를 갖게 되었다. 더 안 좋았던 것은, 그의 아버지는 언제나 그에게 매우 비판적이었고, 그가 팀은 성공할 만한 자질을 갖지 않았다고 생각했음이 분명했다. 시간이 흐르면서, 팀은 그의 아버지의 주장을 내면화시켰다. 그가 CEO의 지위에 도달할 때까지, 이것은 그의 내면에서 자기의식을 저하시키고 잠복하여 머물러 있었다. 그가 덜 드러난 리더 지위에 있을 때, 그는 불안을 통제할 수 있었을 것이지만, 최고지위가 되었을 때 일이 악화되었다. 그의 잠재의식은 그에게 그의 아버지보다 더 나아지는 것은 받아들일 수 없다고 이야기했을 것이다. 그렇게 한 다음 그는 성공하지 못한 사람, 자격이 없는 인간으로서의 비밀스런 자기 이미지를 더이상 통제할 수 없었다. 그리고 무의식적으로 그 자신의 경력을 방해하기 시작했다.

실패에 대한 두려움은 직관적으로 이해된다. 성공에 사로잡힌 사회들에서는, 패배는 재앙으로 여겨진다, 그리고 어느 정도 우리 모두는 그것을 두려워한다. 하지만 역설적이게도, 우리는 성공의 두려움에, 훨씬 더 알 수 없는 힘에도 이끌린다. 오랜 시간 전에, 지그문드 프로이트는 '성공에 의해 망가진 사람들'이라는 에세이 에서 이러한 두려움 이면에 있는 역동의 미스터리를 풀려는 시도 를 했다. 그는 어떤 사람들은 그들이 깊이 뿌리 박힌 그리고 아주 오랫동안 간직해온 욕구가 충족되었을 때 아파진다고 했다.

성공에 대한 두려움은 우리 자신의 위대함에 대한 두려움, 우리 운명의 습격, 또는 우리 재능을 모두 사용하는 것을 피하는 방법으 로 구성되어 있다. 우리는 우리가 언제나 원해왔던 그것을 성취하 는 지위에 있게 되면 갑자기 우리 자신을 미묘한 방법 혹은 무의 식적으로 방해한다. 우리는 아마도 무의식적으로 명예와 부, 그리 고 성공에 따라올 책임들을 두려워할 수 있다. 싱공은 다른 사람들 의 기대를 불러일으키고 언제나 다른 사람의 비판적인 시선 아래 서 높은 수준의 결과를 내야 한다는 압박을 증가시킨다.

중요한 것은 성공이 우리를 군중 속에서 튀어나오게 만든다는 것이다. 우리는 그들이 1등의 위치에 이르지 않을 때까지는 정말 잘해왔던 수많은 진짜 성공한 임원들을 만나왔다. 하지만 그들이 주목받는 자리에 있게 된 순간, 그들은 미지의 세계에 있게 되고, 다른 사람의 뒤에 더이상 숨을 수 없다. 사다리 위를 오르면서, 그들은 성공이 가지고 올 가중되는 책임감과 드러나 보임에 대해서 정당하게 걱정을 하게 된다. 좀 더 고위직에 오르면, 기대감은 더 높아지고, 철저한 검토와 비판은 증가한다. 그리고 드러나는 것에 대한 두려움은 가중된다. 그들은 언제나 자신의 이전의 성과보다 더 큰 성과를 내야 하는 도전을 마주하게 될 수도 있다. 성공은 또한 외로움, 새로운 적, 더 긴 근무시간, 그리고 가족들과의 단절 등 매우 실질적인 어려움을 가지고 온다.

성공에 대한 두려움은 잠재의식 속에서 가족 역동에 뿌리내리고 있다. 예를 들면, 어떤 사람들은 성공을 그들의 부모 혹은 어린 시절 롤모델에 대한 승리와 상징적으로 같다고 여긴다. 이는 특히 부모나 형제들에 대한 경쟁의식을 성공적으로 해결하지 못한 사람들에게는 더욱 그렇다. 그들에게는 성공이란 가지고 싶으면서도 동시에 두려운 것이다. 그들의 롤모델을 대체하고싶기 때문에 가지고 싶은 것이고, 비밀스럽게도, 스스로를 그럴 가치가 있다고 믿지 않기에 두려운 것이다. 예를 들면, CEO는 팀이 그의 아버지보다 훨씬 잘났다는 궁극적인 오이디푸스의 승리이다.

심리적으로 팀이 그의 아버지보다 잘하는 것이 괜찮다는 것을 받아들이는 것이 가능했을까? 그가 CEO가 된다는 것이 길의 끝이 아니라 그다음에 많은 새로운 도전들이 있을 거라는 것을 받아들이는 것이 가능하였을까?

한니발 이야기로 돌아가 보면, 그가 심리적으로 그의 아버지보다 잘 해내는 것을 받아들이기가 불가능했을까? 그래서 그것이 그가 로마를 멸망시키는 데 실패한 이유일까? 우리는 더 깊이 추측해볼 수 있다. 그리고 만일 로마를 멸망시켰다면, '한니발은 더이상 남은 도전이 없다고 느꼈을 것인가'라고 의심해볼 수 있다.

우리는 한니발이 행동하지 않았는지에 대한 동기를 알지는 못하지만 성공에 대한 비합리적인 두려움은 없앨 수 있다. 그 첫 단계는 그러한 자기 기만적인 행동을 인식하는 것이다. 그의 두려움을 직면하는 것은 팀에게 도움이 되었을 것이다. 그는 그것의 원천을 이해하는데 시간을 사용했었을 것이다. 정직하게 그리고 스스로를 통찰하면서, 그는 스스로를 방해하는 활동들이 그의 목표와 꿈을 약화시키고 있다는 것을 깨달았어야 했다. 만일 한니발이 그에게 스스로의 성취와 능력, 비합리적인 두려움 혹은 과거의 메아리로부터 자유로워지는 것을 가능하게 해줄 치료자나 코치가 있었더라면, 그는 전진하여 로마로 입성했을까? 불행하게도 우리는 알 수 없다.

Question

☑ 당신은 당신을 성공하게 해줄 활동들을 미루는가?

☑ 당신의 목표에 다다르는 데 성공하는 상황에서 당신은 어떻게 느꼈는가? 불안을 느꼈는가?

☑ 때로, 당신은 스스로가 성공할 자격을 의심하는가? 당신이 사기꾼처럼 느껴지는 상황이 있는가? 당신은 당신의 업적이 충분하지 않다고 믿는가?

☑ 당신은 성공을 다룰 수 있다고 생각하는가? 당신은 성공이 당신을 다른 사람으로 변해버리게 할 것이라고 걱정하는가?

☑ 당신은 당신이 취약해질까 봐 걱정하는가? 성공이란 생각이 위험한, 미지의 땅으로 들어가는 것처럼 보이는가?

☑ 당신은 성공이 당신이 알고 있는 사람들과 관계를 끊는 것과 당신의 사생활을 바꿀지 궁금한가?

24장

우리는 왜 이 일을 하고 있나?
_자기 자신에 대한 지식

기원전 600년에 그리스의 현자인 밀레투스의 탈레는 세상에서 가장 어려운 것은 '너 자신을 아는 것'이라고 말했다. 그의 말은 그 때만큼이나 맞는 말이며, 지그문드 프로이트의 무의식 멘탈 프로세스 이론이 재발견되고 있는 이 시기에는 더욱 시의적절하다. 프로이트는 인간의 마음을 표현하기 위해서 빙산의 은유를 사용했다. 물 위로 보이는 부분은 의식적인 마음이다. 하지만 수면 아래에 보이지 않는 큰 빙산이 있는데 이 부분은 무의식에 해당한다.

현대 뇌과학은 프로이트의 많은 가정들을 진실로 확인하고 있다. 우리가 느끼고 행동하는 것을 폭넓게 결정하는 것은 무의식 기제의 작동이기 때문에 우리는 자신에 대해서 모를 수밖에 없다. 우리가 어떤 기능을 하는 데 있어서 필요한 많은 것들은 무의식적으로 이루어진다.

경영에 있어서도 무언가를 하면서도 왜 그렇게 행동하는지 모른다는 사실은 리더들의 말과 행동의 모순으로 표현된다. 리더들의 말과 행동 사이에는 상당한 차이가 있음을 나는 늘 발견한다. 왜 이런 차이가 존재할까? 그리고 왜 그렇게 많은 리더들이 그것을 완벽히 모르고 있을까? 여기에 상당히 큰 문제가 있다.

이러한 차이의 가장 주요 요인은 우리 모두가 어느 정도는 나르시시스틱하다는 점이다. 우리에게 온전히 솔직해져 보자. 우리는 모두 우리가 특별하다고 믿는다. 이러한 생각은 우리 진화 역사의 산물이다. 살아남기 위해서는 우리는 특별하다고 느껴야만 했다. 그러나 우리가 실제 어떤지에 대한 현실은 꽤나 다르다. 우리가 특별한 것은 별로 없을 수도 있다. 그러나 우리는 이런 인지 부조화가 그 못난 실체를 드러내지 않도록 엄청난 노력을 한다. 우리는 우리가 자신이 상당히 괜찮은 사람이라는 착각이 깨지지 않도록, 즉 나르시시즘에 상처를 입지 않도록 우리가 할 수 있는 최선을 다한다. 우리의 존재감을 지키기 위해서 우리는 평생의 노력을 다한다.

리더의 자리에 있는 사람들은 그들의 존재감을 유지하기 위해서 다른 사람들의 인정을 필요로 한다. 진화론적, 발달론적 시각에서 보면 오랜 옛날에는 이러한 나르시시트로서의 노력은 우리의 종이 살아남는 데에 매우 중요한 요소였다. 이런 나르시시즘은 중대한 종족 유지를 위한 대가이다.

그러나 이런 영광 이면에 우리는 또한 불안 덩어리이기도 한다. 상처받기 쉽고, 결점이 있고, 비난의 요소를 가지고 있다는 점을 받아들인다는 것은 대부분의 사람들에게 쉽지 않다. 이 기본적인 불안정성은 우리의 약한 면이 보내는 신호를 피하고 특별하다는 감정을 지키기 위해 우리가 정교한 방어기제를 사용한다는 점을 설명해준다. 이러한 방어는 우리가 우울감을 피하고 자아존중감, 자신감, 그리고 우리가 늘 동기를 유지할 수 있는 낙관주의를 유지하도록 해주는 데에 중요한 역할을 한다. 그들은 우리가 무의식적으로 계속 진행이 되는 우리의 내면극장의 주제들이 우리가 취약함을 벗어나, 받아들여진다는 느낌을 갖기 위한 것이라는 것을 설명해준다.

우리가 말과 행동이 일치하지 않는 것을 알아차리지 못하는 가장 중요한 이유는, 인간은 부끄러움이나 위협, 취약성이나 무능감으로부터 스스로를 보호하려 하기 때문이다.

이제 우리는 왜 그렇게 많은 리더들이 다른 사람들을 통제하려고 하는지에 대해서 질문을 던져야 한다. 무엇이 그들을 사람들을 내버려두지 못하게 하는가? 이러한 종류의 행동은 상당한 수준의 스트레스를 유발한다. 따라서 마이크로메니지먼트를 하거나 위임을 어려워하게 된다. 이러한 리더십 스타일을 리더 스스로가 알아차린다 해도 그들은 계속 변화에 저항을 한다. 세월이 흘러도 리더들은 그들이 마이크로매니지먼트를 하고 있으며, 조직원들을 대하는 방식을 개선해야 한다는 피드백을 받는다. 그러나 변하겠다고 다짐만 할 뿐, 실제 아무 변화도 일어나지 않는다. 그들은 오도 가도 못하고 있다. 그러는 사이에 그들은 자신의 행동에 대해 말만하는, 우스운 게임을 한다. 그들은 자신들이 위임을 잘한다고 주장하고, 사람들의 작은 실수를 용납한다고 말하며, 사람들이 일을 신속히 처리하도록 한다고 말한다. 그러나 실상은 그렇지 않다. 그럼 어떤 일이 실제로 일어나고 있는 것인가?

그들은 사실 그들의 내면극장에서 일어나는 연극을 어떻게 편집해야 하는지 모르는 것이다. 그들은 계속 옳은 일을 이야기하면서 잘못된 행동을 하고 있다. 강박적으로 그들이 가치 있는 사람이라는 느낌을 지키기 위해서 무의식적인 행동 본성으로 돌아간다.

대부분의 인간 행동 모델은 인간이 의식적으로 관련된 좋은 점과 나쁜 점을 저울질하여 결정을 내린다는, 잘못된 가정에 기반하여 세워졌다. 그러나 보통 우리는 그렇지 않다. 우리는 완전히 이해할 수 없는 결과를 만들어내는 기본적인 무의식의 규칙에 의해 움직인다.

우리의 의도와 행동 사이에 차이가 있다는 것을 받아들이는 것은, 하고 싶다고 말하는 것을 하지 못하게 방해하는 것이 무엇인지를 돌아볼 수 있게 해준다. 우리는 해야 할 또는 하지 말아야 할 행동들에 대해 스스로 분석할 수 있다. 우리가 익숙한 예전의 행동으로 돌아가게 하는 무의식의 힘을 뒤엎는 초기 경고 시스템을 고안할 수도 있다. 어떤 노력이든 간에 많은 연습이 필요하다. 새로운 행동방식을 내재화하기 위해서는 시간도 많이 필요하다. 예전 습관으로 돌아가는 것은 매우 쉽기 때문이다.

이그제큐티브 코치 또는 심리치료자가 이러한 변화의 노력을 지지해주고, 나쁜 행동의 재발을 막는 전략으로 우리를 도와줄 수 있다. 그러나 실제 행동과 바람직한 행동 사이의 차이를 좁히는 데에 있어서, 더 좋은 변화를 보기 위해서는 우리가 실질적인 결과를 손에 쥐어야 한다는 것을 명심해야 한다.

중요한 것은 생각이 아니다. 사람들은 그들의 의도가 아닌 행동을 보고 판단한다.

Question

☑ 당신은 당신의 인지왜곡, 즉 편견에 대해 알고 있는가? 당신은 자신의 중요성을 과장한 적이 있는가? 당신은 역사적 사실과 이야기들과 당신의 사례는 별개라고 느끼는가?

☑ 당신의 행동이 언제나 이성적이지 않다는 것을 어느 정도로 알고 있는가?

☑ 당신은 사람들의 말과 행동, 어떤 것으로 그들을 판단하는가? 어떤 것이 당신에게 더 큰 영향을 주는가?

☑ 당신은 질문이 주어졌을 때 사회적으로 받아들여지는 정답을 중심으로 대답하는가?

☑ 당신은 사람들이 당신에 대한 인식이 스스로에 대한 인식과의 차이에 놀라본 적이 있는가?

☑ 당신은 진정성이 있고, 당신이 하는 말을 실행하려고 하는가?

25장

진실되게 행동하는 것

_진정성

보스턴 현대미술관을 방문하는 사람들은 폴 고갱의 가장 유명한 작품을 감상할 수 있다. 〈우리는 어디에서 왔는가? 우리는 누구인가? 우리는 어디로 가는가〉. 큰 캔버스 가득 다양한 인물들을 묘사하고 있다. 모두가 타히티 사람이고, 인간의 조건에 대해서 상징적인 질문을 제시하며, 각자는 **특별**하고 **중요**한 행동들을 하고 있다. 고갱은 그 작품이 직관과는 반대로 우측에서 좌측으로 감상 되기를 의도했다. 그 그림은 우리 인생 여정의 3단계를 묘사하고 있다. 탄생과 아동기, 성인기 그리고 노년기와 임박한 죽음이다.

고갱은 그의 인생에서 많은 전환을 겪었다. 파리에서 태어났고, 그의 가족은 그가 어렸을 때 페루로 이민을 갔다가 나중에 되돌아왔다. 그리고 고갱은 증권거래인으로 편안한 중산층의 삶에 정착했다. 그는 그림에 대한 재능을 발견했지만 피카소, 세잔, 그리고 반고흐처럼 저명한 예술가들과 만남에도 불구하고, 수년간 그림을 취미로 그렸다. 그는 점점 더 물질적인 부와 비즈니스 세계에 환멸을 느꼈고 때 묻지 않는 사회를 찾아 나서게 되었다. 그리고 그가 40대 초반일 때 그는 아내와 자녀를 떠나 타히티로 갔다. 거기서 그는 화가로서 두 번째 경력을 시작했다.

고갱은 진정성을 추구했다. 그의 장년 시절은 보수적이고 인위적인 삶으로부터 멀리 떠나, 그를 더 행복하게 만들어 줄 것이라고 믿었던 원시적인 삶으로의 끊임없는 움직임이었다. 이것은 내가 교육자와 코치로서 만난 많은 임원들의 삶과 비교하면, 정반대였다. 대부분의 젊은 남녀는 더 많은 것을 추구한다. 더 많은 물건, 더 많은 돈, 더 많은 인정 등 그들을 더 행복하게 해 줄 그들이 원하는 더 많은 것을 하기 위해서 말이다.

많은 리더들은 권력과 지위, 그리고 돈이 전부가 아니란 것을 잊고 사는 것처럼 보인다. 그들이 돈을 어떻게 쓰는가보다 그들이 그들의 시간을 어떻게 보내는가가 훨씬 더 중요하다는 것을 깨닫는 것은 어려운 일이다. 목표를 갖는 것은 좋지만, 많은 임원들은 여행이 전부이고 마지막에는 아무것도 없다는 것을 깨닫지 못한다. 우리는 한 목표에 도달하는 것은 또 다른 여정의 시작점일 뿐이라는 것을 안다. 중요한 것은 매일매일의 경험이다. 인생의 목적은 나중에 원하는 삶을 살아간다는 계획을 세우는 것이 아니라 그것을 매일 누리는 것이다. 우리는 오늘을 즐겨야 한다.

선불교의 우화에 이런 이야기가 있다. 어느 날 한 남자가 호랑이를 만났다. 그는 살기 위해 도망쳤다. 호랑이는 절벽까지 그를 잡으러 쫓아갔다. 절벽 끝에서 떨어지면서, 그는 덩굴을 잡고는 떨어지는 것을 피했다. 호랑이는 위에서 냄새를 맡으면서 그에게 으르렁댔다. 무서움에 떨면서 그는 아래를 내려다보았다. 멀리 아래 기슭에는 다른 호랑이가 입맛을 다시며 나타났다. 작은 소음이 그의 관심을 끌었다. 그 위에 작게 튀어나온 바위에서 두 마리의 쥐가 바쁘게 그가 매달려 있는 넝쿨을 갉아먹고 있었다. 팔만 뻗으면 닿을 곳에 한 송이 달콤한 딸기가 자라고 있었다. 한 손으로는 넝쿨을 꽉 잡으면서, 다른 한 손으로 딸기를 잡았다. 얼마나 달콤한 맛이던지.

우리는 현재에 존재한다. 과거는 지나갔고, 미래는 알 수 없다. 그리고 만일 우리가 의식적으로 현재의 순간을 살지 않으면, 우리는 진짜 인생을 사는 것이 아니다. 우리는 예전으로 돌아가서 새로 다시 시작할 수 없다. 하지만 어떤 사람도 오늘 시작할 수 있고, 새로운 마지막을 만들 수 있다.

하지만, 진정성을 추구하기란 쉽지만은 않다. 고갱은 진정성을 추구하면서 그의 경력과, 결혼 가족 우정 그리고 사회적으로 지위를 잃었다. 진정성을 얻는 것은 우리가 누구이고 무엇인지 인식하고, 특별한 무엇 혹은 다른 사람인 척하지 않는 것을 의미한다. 우리가 스스로 가면을 벗는 것을 뜻하며, 우리의 장점만을 믿는 것뿐만 아니라, 우리의 약점도 직면하고 우리의 불완전함을 참아내는 것을 의미한다. 사실을 말하기, '아니오'라고 말하기, 진실을 마주하기, 그리고 그것이 옳기 때문에 옳은 일을 하는 용기를 가지는 것을 의미한다. 그것은 또한 우리 삶에서 거짓과 정말 중요하지 않는 것들을 놓는 것을 의미한다. 그것은 진실한 것과 관련이 있고, 연극 하지 않는 것이며, 가면을 쓰지 않는 것이다.

진정성이 내면에 자리 잡을 때, 그것은 우리의 모든 상호작용에 영향을 준다. 이는 우리의 모든 면을 비추는 다이아몬드와 같은 것이다. 진성서 있는 사람들은 다른 사람에게 확신을 가지도록 한다. 그리고 그들의 영혼을 일깨운다. 다른 사람들에게 진정한 관심을 보여주는 것은 다른 사람들이 갈등과 분노를 극복할 수 있도록 안전한 장소인 '방공호'를 제공해 준다.

진정성은 믿을만하며, 신뢰할 가치가 있는 것을 의미하고 우리 자신과 다른 사람들 안에 있는 위선을 혐오하는 것을 의미한다. 우리가 우리 자신을 신뢰할 수 있을 때 우리는 다른 사람을 신뢰할 수 있고, 의미 있는 관계를 맺을 수 있다. 그 신뢰는 또한 우리에게 어려운 상황에서 우리의 신념에 대한 용기를 준다. 그리고 다가오는 모든 압박으로부터, 우리의 가치와 믿음에 충실할 수 있도록 도와준다.

진정성은 지혜와 함께 온다. 두 가지는 각각을 더욱 강화시키고 두 가지를 상호 발전시키는 인간 역동에 밀접한 관련을 가지며, 두 가지 다 우리의 실존적 탐구에 초점을 맞추고 있다. 지혜는 어려운 인생을 경험하고 극복한 사람들에게 상으로 주어진다. 이것은 인간의 조건을 이해하게 된다는 뜻이다.

그러면 우리는 어떻게 진정성 있는 사람이 될까? 어떻게 지혜를 얻을 수 있을까? 역사적으로 좀 더 종교적이었던 시기에, 사람들은 많은 시간을 신을 모시는 행위로 보냈다. 기도는 삶을 돌아보고 살펴보는 기회였다. 우리는 현재 혼자 조용히 지내는 시간이 과거만큼이나 중요함에도 불구하고 이런 구조화된 활동이 일상이 되지 못하고 있다. 하지만 우리는 모두 스스로를 새롭게 하고 자기를 성찰하는 시간이 필요하다. 우리는 홀로 있는 시간이 필요하다. 우리가 하고 있는 것을 검토해보고, 무엇이 우리에게 옳고 좋은지를 생각해볼 시간이 필요하다. 우리는 우리의 장점과 단점을 검토해볼 시간이 필요하다. 우리는 우리의 상상력을 자유롭게 날게 할 시간이 필요하다. 우리는 꿈꿀 시간이 필요하다.

하지만, 홀로 자신을 성찰하도록 함에 도달하는 것이 언제나 가능한 것은 아니다. 역설적으로 우리는 전문가의 개입이 필요할 수도 있다. 우리는 우리의 꿈과 환상을 이해하도록 돕고, 우리가 잔인한 환경에 사로잡혔을 때 벗어나도록 해줄 사람이 필요하다. 우리를 도와서 과거와 현재의 중요한 연결성을 보도록 해주고, 더 나은 미래로 가이드 해 줄 사람을 찾는 것이 필요하다. 이런 종류의 대화는 때로 불편하다. 왜냐하면, 그것은 우리가 자주 경험하지 않는 것들을 어느 정도 다른 사람에게 공개해야 하기 때문이다. 그것은 큰 신뢰를 요구한다. 하지만 자기를 발견하는 여행을 위한 동행자를 찾는 것은 개인적인 성장에 있어서 큰 보상을 준다. 새로운 대안들을 보게 되고, 우리 인생에서 나중에 우리에게 해를 끼칠 잘못 들을 미연에 방지하게 해준다.

많은 사람들은 이러한 개인적인 탐구를 시작할 용기가 부족하다. 그들은 자기 발견으로부터 달아난다. 그리고 달아나기를 멈출 수 없다. 소크라테스는 말했다. "점검 없는 삶은 가치가 없다" 라고. 우리도 동일하게 말할 수 있다. "살고 있지 않은 삶은 점검할 가치가 없다" 라고. 만일, 우리가 진지하게 지혜를 추구한다면, 그리고 진정성 있는 삶을 살아간다면, 우리는 그 여행을 가치 있게 만들어야 한다. 매 순간을 소중해 여기면서 말이다.

Question

☑ 진정성을 가지려고 노력하는 것은 곧 현재 나는 진정성을 가지고 있지 않음을 뜻한다. 당신은 이것을 알고 있는가?

☑ 당신은 스스로에 대해서 잘 알고 있다고 믿는가? 당신은 당신의 가치, 욕망, 내적 동기, 그리고 당신의 욕구에 대해서 잘 알고 있는가?

☑ 당신은 상황에 따라서 다른 사람을 연기하고 있는가? 당신은 그렇게 하고 있음을 아는가? 당신은 있는 그대로의 모습을 드러내는 것이 불편한가?

☑ 당신은 주관을 가지고, 용기 있게, 당신의 신념을 지키기 위한 격렬한 논쟁을 하는가? 아니면 그저 다른 사람들을 불편하게 하지 않고 그들과 잘 지내는가?

☑ 당신은 어려운 상황을 다룰 때 당신의 감정을 점검하고 당신의 직관에 주의를 쏟는가? 당신이 하는 일이 진짜 당신과의 일치하지 않을 때 당신의 직관은 당신에게 경고음을 주는가?

26장

당신은 진지해 질 수가 없다
_무게감에 대하여

로젠컴퍼니는 기업 승계에 대해 고민하고 있었다. 데렉과 존이 CEO의 후보였다. 하지만 그들은 가장 최근 이사회에서 무엇이 일어나고 있는지를 전혀 알지 못했다.

두 후보자에 대해서 심도있는 토론을 벌이던 열띤 순간에 선발위원회 위원 중 한 명이 데렉이 더 적합한 사람이라는 것이 점차 명확하게 느껴진다고 말했다. 자세히 설명해 보라고 하자, 그녀는 존이 그 일에 필요한 '무게감'이 없다고 말했다. 회사가 직면하고 있는 도전을 생각할 때, 그녀는 무게감은 CEO의 필수적인 자질이라고 생각한다고 했다. 이어지는 토론에서 그 누구도 그녀에게 무게감이 무엇인지에 대해서 더 이상의 설명을 요구하지 않았으나,

대부분의 다른 이사회 멤버들은 이에 동의했다.

그래서, '무게감'이란 무엇인가? 리더십을 발휘하는 상황에서 그것은 어떤 모습으로 드러나는가? 무게감이 리더십에서 그토록 중요하다면, 우리는 어떻게 그것을 개발할 수 있는가?

분명히, 무게감은 목적의 진지함, 근엄함과 품위 있는 행동, 그리고 중요하고 힘이 있다는 것을 함축하고 있다. 이러한 자질들은 리더십의 효과성과 관련해 추구할 만하다. 조직생활에서는 무게감은 또한 영향력을 가지기 위한 능력으로 핵심적인 것으로 여겨진다.

우리의 승계 사례에서 보는 것처럼, 회사 내의 승진 세계에서는, 무게감은 아주 심각하게 여겨진다. 헤드헌터들, 인재관리 담당자들, 그리고, HR 전문가들은 언제나 그 직무에 필요한 무게감을 가진 사람인가에 대해 자문한다. 그들은 존재감이 있는가, 연설능력이 있는가, 그리고 청중 혹은 상황에 대해서 읽는 능력이 있는가? 그들은 다른 사람들에게 쉽게 영향력을 줄 수 있는 감성지능을 가졌는가? 일반적으로, 무게감을 가진 사람들은 훨씬 더 리더십이 있고, 관리를 더 잘하고, 더 존재감이 있고, 네트워킹을 더 잘하는 것으로 생각된다. 그리고 자주, 무게감은 경력이 만들어지거나 깨지는 데에 결정적인 요소가 된다.

이 사례에서는 존이 그의 기술적인 능력에도 불구하고, 최고 위치에 선택되지 못하게 된 주요 요인이 되었다. 임원들은 때로 힘든 또는 전례 없는 상황에서도 잘 견뎌내고, 다양한 주주들을 효과적으로 다루며, 어려운 결정을 할 수 있는 사람을 찾아왔었다. 그들은 말에 무게가 있으며 권위를 가지고 말할 수 있고 신뢰로운 사람들에게 끌렸으며 그들에게 의견, 통찰, 조언을 구했다.

이 지점에서, 당신은 당신이 무게감을 가졌는지에 대해 궁금할 것이다. 당신은 존재감이 있는가? 당신은 진정성 있는 사람으로 여겨지고 있는가? 당신이 이야기할 때 사람들이 주목하는가? 당신은 다른 사람들에게 관여하고 영향을 주는 법을 알고 있는가? 만일 이러한 질문들에 대한 정직한 답변이 '아니오'라면, 당신이 그것을 위해 할 수 있는 무엇인가가 있는가? 무게감이 타고난 자질인가 아니면 개발할 수 있는 것인가?

내적인 자질부터 시작하자면 진정한 무게감을 뿜어내려면 우리는 약간의 자기 인식이 필요하다. 자기에 대한 인식, 조금 더 나아가 냉철함이 없이는 우리는 우리의 감정을 지배할 수도 우리 내부의 힘을 발견할 수도 없게 된다. 자기 인식과 더불어 우리는 지식이 필요하다. 결국, 지식이 힘을 만들어낸다. 우리는 우리가 이야기하고 있는 주제에 깊이 스며들 필요가 있다. 지식을 더 많이 얻어서 그것을 제대로 적용함으로써, 우리는 무게감을 더하게 된다.

무게감의 외적인 자질은 우리의 행동거지, 말하는 태도, 그리고 외형이 외부세계에서 어떻게 인식되고 있는지를 말한다. 우리의 행동은 어려운 상황에서, 우리의 감성지능이 어느 정도 차분하게, 평온하게 그리고 아주 침착하게 만들어 줄 수 있는지에 의해 결정된다. 우리는 위기의 상황에서도 용기와 품위를 보여주어야 한다. 이는 또한 우리가 상황을 읽고 분석하여 이를 효과적으로 다룰 줄 아는 능력과도 관련이 있다. 무게감 있는 사람들은 일이 통제를 벗어나고 있을 때 어떻게 행동해야 하는지 안다. 그들은 예상하지 못한 상황을 다룰 때 역시 자신감과 침착함을 가진다. 그들은 구석으로 몰릴 때조차 어떻게 견뎌야 하는지를 안다.

우리가 말하는 방식은 우리의 비전, 효과적 소통 능력, 그리고 다른 사람에게 영감을 주는 능력에 의해 결정된다. 당신은 열정과 에너지를 가지고 말하는가? 당신은 권위 있는 목소리를 사용하는가? 당신은 진정성, 신뢰 그리고 존중을 내보이고 있는가? 당신은 약속을 지키는가?

마지막 요소인 우리가 어떻게 보이는가는 우리의 외부에 의해 결정된다. 당신이 주는 첫인상은 무엇인가? 다른 사람들은 어떻게 당신의 보디랭귀지를 읽는가? 평판 또한 우리가 어떻게 보이는가의 일부분이다. 뛰어나고 도덕적으로 흠 없는 평판을 갖는 것은 아주 중요하다. 이러한 몇 개의 특징은 코칭이나 기술적인 개입으로 쉽게 개발될 수 있다. 다른 것들은 수십 년의 배움이 필요하고, 오직 경험으로부터만 배울 수 있는 지혜가 필요하다. 하지만 표면적인 행동의 수준에선 빨리 얻을 수 있는 몇 가지가 있다. 예를 들면, 당신은 당신의 발표 기술을 연마할 기회를 찾을 수 있다. 당신은 말하는 법은 빨리 배울 수 있다. 당신은 상황에 개의치 않고 신중할 수 있는 법을 연습할 수 있다. 당신은 독특한 음성을 얻는 법을 배울 수 있다. 이것을 돕기 위해서, 당신은 신뢰하는 동료나, 멘토, 친구 그리고 가족으로부터 개인적인 피드백을 요청할 수 있다.

개인의 성품과 관련된 내면의 탐구는 경험의 축적을 통해 일어난다. 무게감은 때로 삶의 경험 그리고 도전과 그 과정 속의 어려움에 대응하면서 개발된다. 자신의 강점과 약점을 이해하기 위한 내면의 탐구는 금방 결과가 나오는 것은 아니다. 그것은 힘든 작업이며, 지속적인 성찰 그리고 점진적인 변화를 요구한다.

무게감을 개발하는 가장 최선의 방법은 두 측면에서 동시에 접근하는 것이다. 무게감을 추구하는 사람들은 외부적인 모습과 내면의 견고함 사이의 균형을 잡는다. 그들은 외적인 모습과 본질 사이의 차이를 알고 그 둘 사이의 관계의 역동을 관리할 줄 안다.

Question

☑ 당신은 어느 상황에나 '주연'이 있다고 생각하는가? 당신은 상황에 따라 행동하는가? 당신은 다른 사람들이 당신의 언행과 외모를 어떻게 해석하는지에 대한 이해가 있는가?

☑ 사람들은 당신이 이야기할 때 듣는 척만 하는가? 그들은 당신이 지시하는 것을 무시하는가? 당신은 그 이유를 아는가?

☑ 당신의 보디랭귀지에 대한 피드백을 받아보았는가? 당신은 스스로를 어떻게 드러내는지에 대해 주의를 기울이는가?

☑ 당신은 당신의 위치를 알고 각각의 상황에 어떻게 반응해야 하는지에 대한 노하우가 있는가?

☑ 당신은 급박한 상황에서도 품위를 잃지 않고 비전에 충실할 능력을 가지고 있으며, 잘 풀리지 않는 질문에도 적절히 대응할 수 있는 감성지능을 갖추고 있는가? 당신은 축포를 터뜨리는 상황이든 악재에 뒤덮인 상황이든 침착을 잃지 않는가?

27장

그저 적어라
_치유로서 글쓰기

 리더십 워크숍 중에 석유회사의 고위 임원인 사이먼은 이전에 제대로 다루어지지 않았던 사건에 대해 이야기를 해야겠다고 생각했다. 그는 그의 책임하에 있던 나이지리아의 석유굴착장치 중 한 군데를 방문하는 동안에 납치를 당했던 끔찍한 경험을 다른 참가자들에게 털어놓았다. 그는 눈물을 흘리면 그 피랍 기간 동안 그의 가까운 동료 두 명이 자신의 눈앞에서 살해당한 기억을 되뇌었다. 납치범들과의 지리한 몸값 협상 끝에 그는 겨우 풀려날 수 있었다. 다행히 목숨을 부지했지만, 그 기억은 사라지지 않았다. 그 순간부터 그는 끔찍한 경험의 악몽에 시달렸다. 그는 워크숍이 끝나고 나서도 한동안 기분이 나아지기 시작했다고 말했다.

우리는 트라우마에 대한 생각과 감정을 애써 피하는 것이 엄청난 노력을 요구한다는 것을 한다. 이러한 억압은 강박적인 생각과 과도한 반추, 결과적으로는 만성적인 신체적 스트레스 문제를 야기 한다. 특히 이러한 고통스런 기억을 억압하는 것은 한계가 있으며 그 효과는 그때 뿐이다. 지금 잠시 미뤄두는 것은 언젠가 다른 방식으로 돌아온다. 효과적인 접근법은 그것을 직면하고 그 고통스러운 경험에 대해서 이야기하는 것일지도 모른다.

조셉 브로이어(오스트리아의 의사이자 프로이트의 스승)와 지그문드 프로이트는 처음으로 그들의 책 『히스테리 연구』에서 트라우마 경험을 솔직하게 다루는 것의 가치를 탐구하기 시작했다. 그 책 속에서, 유명한 환자인 안나 오는 이 과정을 '굴뚝 청소하는 법' 혹은 대화 치료라고 불렀다. 브로이어는 나중에 그것을 '카타르시스 법'이라고 말했다. 역사적인 관점에서 보면, 고백하는 행동 혹은 트라우마를 분명하게 표현하고 사람들이 집단적 경험에 의미를 부여하는 프로세스는 세계 많은 곳에서 발견되는 선통석 지료법 중 하나이다. 하지만, 이것이 고통스러운 경험을 이야기하는 사람이 반드시 나아진다는 것을 의미하지는 않는다. 성장, 치료, 혹은 관점의 변화는 모두 그들에게 일어난 일에 대해 개인이 어떻게 해석하느냐에 달려 있다.

글쓰기도 트라우마를 치유하는 데 기여하는 것으로 보인다. 하지만 글을 쓰는 행동은 두뇌의 다른 부분과 관련이 있다. 글쓰기는 그림 그리기처럼 대부분 두뇌의 뒤쪽인 시각령, 즉 이미지를 만들어내는 곳까지 사용한다. 말로 이야기한 언어가 두뇌의 오른쪽에 더 연관이 있는 반면, 글쓰기는 좌뇌에 더 큰 영향을 가지는 것으로 보이며, 말을 할 때는 영향을 받지 않은 부분을 자극한다.

글쓰기는 또한 흩어져 있던 생각, 감정, 아이디어들을 점차 한 데로 모아 이해 가능한 전체로 엮음으로 우리의 혼란스런 해석에 또다른 목소리를 부여한다. 글쓰기의 과정을 통해 우리의 고통스런 사건들을 직면하고 명료화하는 것은 그 사건을 의미 있는 이야기로 만들고, 인지적, 감성적 통합을 이루게 하며, 무슨 일이 일어났는지에 대한 더욱 심도 깊은 이해를 가능하게 하는 것들을 포함한다. 고통스런 사건들에 대해서 쓰는 것은 우리에게 목적을 더욱 또렷이 하고, 자유로운 선택을 할 수 있게 돕는다. 억압의 퇴행적 프로세스와는 상반되게 글쓰기의 과정은 우리가 우리 자신의 이야기에 책임을 가지고 앞으로 나아가는 것을 가능하게 해준다.

성찰적 글쓰기는 내가 수년간 진행해 온 CEO 리더십 개발 워크샵에 한 축을 담당하고 있다. 힘든 사안에 대해서 이야기하는 것이 매우 큰 카타르시스를 주지만 그것에 대해서 쓰는 것은 그보다 더 큰 대가를 준다. 이런 경험을 말로 전환할 때 그것은 말 그대로 '말'이 된다. 글쓰기는 워크샵 참가자들과의 트라우마를 한 단어

한 단어, 한 문장 한 문장으로 연결짓도록 만든다. 이러한 식으로 힘든 경험들은 관리가 가능한 작은 조각들이 된다.

글쓰기가 스트레스를 줄여주고 새로운 것을 알게 하는 효과를 지녔다고 주장하는 사람은 나 혼자만이 아니다. 많은 건강 심리학자들이 이 주제에 초점을 맞추어 왔다. 그들은 글쓰기가 감성적 상처를 낫게 하고, 우리 자신과 남들에 대한 이해를 증가시키고, 자기 성찰의 능력을 향상시키며 심리적 증상을 감소시키고 행동이나 생각하는 방식을 바꾸게 하는 다양한 방식에 주목했다.

텍사스 대학의 실험 심리학자, 제임스 펜베이커의 연구는 특히나 빛이 난다. 펜베이커는 감정적인 격동에 대한 글쓰기의 효과 확인을 위해서 여러 건의 통제된 실험을 진행했다. 그가 표현적 글쓰기라고 부른, 트라우마나 스트레스 가득한 인생 경험에서 올라오는 생각과 감정에 대해 쓰는 행위는 많은 사람들이 고통스러웠던 경험으로 인한 감정적 바닥에서 벗어나는 데에 도움을 주었다.

표현적 글쓰기는 또한 천식, 만성 피로, 외상 후 스트레스 장애, 그리고 관절염 등을 완화시키는 데 장기적 효과도 있을 수 있다. 펜베이커는 3~4일 연속적으로 매일 20분 정도 글을 쓰면, 글쓰기를 하지 않는 사람들보다 많게는 절반 정도 병원을 덜 가는 것을 발견했다. 이 실험은 고통스런 경험을 제대로 다루지 않은 사람들은 더 큰 신체적 감정적 스트레스를 경험할 뿐만 아니라 고위험군에 속하게 된다는 것을 보여주었다.

펜베이커는 표현적 글쓰기의 긍정적 효과를 보기 위해서는 단순히 트라우마의 기억에서 의미를 발견할 뿐만 아니라 관련된 감정을 느껴야만 한다고 강조했다. 그는 또한 트라우마에 대해서 처음 글을 쓸 때는 이것이 일시적인 스트레스와 신체적 감정적 흥분을 일으킬 수 있음을 주지하고, 글쓰기의 타이밍의 중요성을 매우 강조하였다. 어떤 연구들은 트라우마가 있은 직후 그에 대해서 표현적 글쓰기를 하게 되면 더욱 상태가 나빠질 수 있으며 이는 아직 그것을 직면할 준비가 되어 있지 않기 때문일 수 있다고 하였다. 가장 좋은 것은 사건이 있은 후 1~2개월 정도 기다렸다가 글을 쓰는 것이라고 한다.

우리 인생의 힘든 경험에 대해 쓰는 행위는 우리가 음울을 벗어나 새로운 이야기를 만들고, 새로운 행동을 만들어 내는 것을 도와준다. 글쓰기는 혼자서 하는 활동이지만 이것을 언젠가 누군가가 읽을 수도 있기 때문에 관계 형성 활동이기도 하다. 글쓰기는 트라우마에 대해 사회적 지지를 이끌어 낼 수도 있다. 우리는 글을 쓸 때 우리 자신 이외에 다른 이, 즉 독자들에게 초점을 맞추기 때문이다.

나의 경험을 통해서 유추해보자면, 감정을 환기시키는 것만으로는 스트레스를 완화시키고 신체적 정신적 건강을 향상시키지는 못한다. 글쓰기의 치유의 힘을 보기 위해서는 우리는 우리의 감정을 불러일으키고, 더욱 잘 이해하고 그로부터 배우는 작업을 해야만 한다.

사이먼의 경우, 글쓰기가 그가 묘사할 수 없었던 감정과 불안을 말로 표현하도록 도왔다. 그느 이 활동을 통해 가정과 직장에서 오랫동안 가지고 있었던 관계 문제를 해결하겠다는 마음을 먹었다.

사람들이 펜이나 키보드를 사용하여 그들이 가야 할 곳을 가게될 때, 놀라운 통찰이 일어난다. 작가 아나이스 닌은 이렇게 말했다. "우리는 우리의 인생을 두 번 맛보기 위해 글을 쓴다. 그 당시에, 그리고 그 당시를 돌아볼 때"

Question

☑ 당신은 일기를 쓰는가? 쓰지 않는다면 그 이유는 무엇인가?

☑ 만일 당신이 일기를 쓴다면, 당신은 스트레스가 많은 상황에 대해 글을 쓰는 습관을 가지고 있는가?

☑ 당신이 스트레스 상황에 대해 쓸 때, 이 행동은 당신이 다른 사람들과 그에 대해 이야기할 수 있게 하는가?

☑ 당신은 스트레스 상황에 대해서 글로 쓰는 것이 음울함의 정신적 스트레스 혹은 의미 없는 반추로부터 벗어나는 데 도움이 된다고 생각하는가? 글쓰기를 통해 당신의 감정을 더 잘 이해하고 그로부터 교훈을 얻은 적이 있는가? 글쓰기는 당신이 왜 스트레스를 경험하는지 이해하는데 도움이 되는가?

☑ 당신이 코치나 상담가라면 치료 과정에 글쓰기 과제가 있는가?

28장

에코테라피
_떠나서 머무르는 것에 대하여

야스퍼는 일상적인 기쁨을 느껴본 지 벌써 꽤 되었다. 승진을 하고 도심에 있는 본사에서 일하게 되면서 그의 정신 상태는 이전과 달라졌다. 그는 불안하고 안절부절이었다. 시골의 오래된 집, 숲에서 개와 하던 산책, 그리고 자연에 둘러싸여 있던 시절을 그리워했다. 지금 그가 할 수 있는 것은 지하철로 한 정서상 거리에 있는 가까운 공원에 가서 잠시 산책을 하는 것뿐이다. 그러나 이런 행동은 숲에 대한 향수를 더욱 강렬하게 할 뿐이었다. 야스퍼는 그의 현재 마음의 상태가 그의 동기와 성과에 영향을 미치고 있음을 알고 있었다. 집중하는 것이 어려웠고, 실수를 했고, 자주 불쾌한 기분을 느꼈다. 그는 일을 이어갈 수 있을지 심각하게 고민하게 되었다.

『자연의 법칙』의 저자인 리차트 루브에 따르면 현시대를 사는 사람들은 '자연 결핍 장애'를 겪고 있다. 루브는 우리가 자연 속에 거주하지 않음으로써 가지는 부정적인 행동적 결과를 지칭했다. 이런 걱정을 하는 사람은 루브 혼자만이 아니다. 상당히 많은 양의 연구 결과가 자연과 연결되었을 때 사람들이 원기를 회복함을 증명해 왔다. 이러한 연구에 의하면 우리는 야외에서 시간을 보낼 때 기분이 극적으로 향상된다. 자연 속에 있는 것은 우리 혈액 속에 스트레스 호르몬, 호흡수 그리고 우리 뇌의 활동을 감소시키는 듯 보인다. 이는 우리의 심리적 상태에도 영향을 미친다. 이것은 우울하고, 스트레스를 받고 있거나 불안한 마음상태를 진정되고 더욱 균형 잡힌 상태로 만들게 해 준다.

이러한 연구 결과들은 진화론적 관점에서도 이해될 수 있다. 자연에 머무르는 것은 우리의 심리적, 신체적 웰빙에 강력한 원시적 영향력을 가진다. 우리는 우주의 일부로써 자연의 일부가 될 때 현대 사회의 압박으로부터 온전히 탈출할 수 있다.

반대로, 야스퍼가 경험했듯이 우리가 자연의 세계로부터 떨어져 나갔다고 느끼게 될 때 우리는 다양한 개인적, 관계적, 그리고 사회적 문제를 겪게 될 가능성이 높다. 이것은 걷잡을 수 없는 불안, 우울, 그리고 다른 신경증 증상들과 같은 심리적 장애를 포함한다. 이렇게 방대한 연구에 의하면 도시 거주인들이 녹지에 대한 접근이 쉽지가 않기에 공원 근처에 살거나 자연을 주기적으로 누리는 사람들보다 더 많은 심리적 문제를 가지는 경향이 있다. 단순히 직장에 꽃이나 화분을 가져다 놓는 것만으로도 우리의 창의성, 생산성 그리고 문제 해결 능력에 영향을 줄 수 있다. 다른 연구들은 동물과의 접촉이 공격성과 아이들과 알츠하이머 환자들의 불안을 줄여줄 수 있음을 보여준다. 녹지 가까이에서 자란 아이들은 콘크리트에 둘러싸여 자란 아이들보다 집중력이 더 좋으며 만족 지연 능력이 높고, 충동 조절 능력이 높다. 정원 가꾸기, 동물과 상호작용, 자연 속에서의 산책 또는 자연적 요소들이 많은 내부 생활 등, 하여간 자연세계와 정기적인 접촉을 하는 것은 우리의 자존감, 사회관계, 건강, 그리고 행복감에 기여한다.

도시화되고 개발된 세계에 사는 우리 대부분은 자연과의 연결이 많이 끊어졌다. 심지어 사이버 세상에 사는 것은 더욱 소외감을 느끼게 한다. 환경심리학자들은 인간과 자연이 분리된 상황이 현재 생태적 위기의 중심이라고 주장한다. 지구와의 근본적인 연결을 존중하고 강화하는 대신 우리는 우리 행성에 남은 것들을 파괴하고 있다. 땅, 물, 그리고 공기의 오염은 단순히 현시대의 사람들의 건강에만 영향을 미치는 것이 아니라 다음 세대들의 건강에도 영향을 미친다.

우리는 인간과 생태의 웰빙은 매우 밀접하게 뒤얽혀 있음을 이해야만 한다. 그리고 지구의 생태적 악화를 되돌려야 한다. 우리에게는 환경 스트레스, 우리 자신, 다른 사람들 그리고 자연 세계로의 소외로 인한 내적 공허함의 결과를 원상태로 되돌리는 노력이 필요하다. 우리는 환경을 돌보는 방식을 다시 배우면서 우리 스스로를 돌보고 양육하는 방식을 배울 수 있다. 이것이 에코테라피가 필요한 이유다.

'자연 치료법'이라고도 알려진, 에코테라피는 환경심리학과 심리치료의 결합으로 볼 수 있다. 이는 우리가 살고 있는 자연 세계와의 조화를 재생하기 위한 심리적 활동들의 핵심으로 인간과 지구와의 연결을 증진시키는 정신 건강 작업의 종류를 뜻한다. 에코테라피는 심리치료와 정신과적 요법 중심에 사람과 자연의 관계를 두어 새로이 개발된 방식이다. 이러한 접근으로 에코테라피는 우리가 일상을 살아가느라 쌓인 스트레스와 부담을 극복할 수 있게 한다.

에코테라피는 부분적으로 심리분석 대상관계 이론과, 사회구조 이론, 그리고 종교 심리학의 영향을 받았다.

대상관계 이론은 우리가 다른 사람과 관계를 맺는 방식을 설명한다. 인간은 다른 사람과 관계를 맺을 때 어린 시절 우리의 주 양육자(보통은 부모)와의 관계에 깊이 영향을 받는다는 내용이다. 이는 초기의 관계맺기 경험이 긍정적이고 양육적이었는지, 위협적이고 독성 가득했는지에 많은 영향을 받는다. 사회 구조 이론은 우리가 인간 체계뿐만 아니라 여러 종이 속한 더 큰 시스템에 속해 있음을 새삼 깨닫게 한다. 마지막으로 종교 심리학은 인간이 자연현상의 맥락 안에서 존재함을 이해하게 한다. 에코테라피는 우리의 뿌리로 돌아가서 조상들이 수천 년간 생활했던 방식을 재발견하는 방식이다.

리더는 자연에서 보내는 시간을 통해 내면의 성찰과 에너지의 재충전, 잠재력 증대를 꾀할 수 있다. 자연에서 생겨난 우리는 환경과의 관계에서 우리 자신에 대해서 더욱 의식적으로 알게 된다. 우리는 우리 주변의 상호 연결 상태로 돌아가야 한다. 이것이 우리의 정신을 다시 세우고, 기분을 좋게 하고, 불안과 스트레스 수준을 낮추고, 우울과 싸울 수 있게 해줄 만큼 강력하다. 에코테라피는 그 자체로도 의미 있지만 심리치료나 약물 복용 등 다른 처치와도 함께 사용 가능하다.

그러나 경험에 의히면 자연과의 관계를 재건하는 것은 꽤 어려운 일이다. 많은 사람들이 자연과 온전히 낯설어져 있다. 그들을 변화시키기 위해서, 그들이 바깥에서 얼마나 시간을 보냈는지, 그들이 그곳에 있을 때 신체적 심리적 상태가 어땠는지를 묘사하는 자연일기를 쓰는 방식으로 그들과의 이런 치료법을 시작한다. 나의 클라이언트들에게 트래킹을 하거나, 정원을 가꾸거나 다른 야외활동을 하도록 조언한다. 야외에서 상담 세션을 진행하여 전문적 도움을 받는 동안 걷고 이야기를 하면서 치유를 하는 혜택을 경험하도록 한다. 산, 바다, 평야, 숲과 같은 광활하고 어마어마한 자연의 풍광 속에 있는 것은 우리 존재의 '하찮음'을 되새기게 해주고, 우리가 사는 세상에 위대함과 경외심을 느끼게 한다. 이렇게 과도한 나르시시스트의 행동에 훌륭한 해독제가 된다. 고양된 기분을 느끼고 자신과 우리를 둘러싼 세상과 더욱 가까이 연결되었음을 느끼는 것은 극도의 영적 그리고 초월적인 자각을 이끈다.

그러니, 다음에 당신의 기분이 바닥일 때, 트레킹 신발을 신어라. 나는 야스퍼에게 그의 심리적 회복을 위하여 그가 그의 야망을 재고하고, 그가 온몸으로 기쁨을 느끼는 곳으로 돌아갈 것을 제안했다.

Question

☑ 당신은 야외에서 수영하고, 캠핑하고, 걸으면서 그저 자연을 즐기는 시간을 갖는가? 야외 활동이 당신의 웰빙에 도움이 되고, 스트레스가 해소되고, 집중력을 높이며, 좀 더 긴장이 풀어지는 느낌을 갖는가?

☑ 도시에 살고 있다면, 당신은 공원을 걷거나 사무실에서 식물을 키우거나 애완동물을 키우는가? 당신 주변에 녹색 공간을 만들려 시도하는가?

☑ 당신은 원예, 농사, 낚시, 야생 생물 관람, 캠핑, 또는 사냥 등 야외 활동에 적극적인가?

☑ 당신은 자연이 자기 중심주의를 감소시킨다고 믿는가?

☑ 당신은 자연에 노출된 결과로 영적인 경험을 해본 적이 있는가? 자연에 있는 것이 다른 생물들과 연결되어 있음을 느끼게 해주고 그들과의 상호의존성을 이해하게 해주는가?

29장

제로
_아무것도 하지 않음의 예술

    헬렌은 교육 분야에서 큰 조직을 이끌고 있다. 나는 그녀의 일하는 습관이 궁금했다. 그리고 그녀에게 하루에 몇 개의 이메일을 받는지 물었다. "500통이요." 그녀는 다소 상기된 투로 이야기를 이어갔다. "솔직히, 한 통도 읽지 않아요. 만약 메일함을 매일 살펴본다면 저는 일을 제대로 하지 못했을 거예요. 제 일은 이 나라 교육의 미래에 대해서 생각하는 일이에요. 그런데 너무 많은 정보가 쏟아져서 생각할 시간이 없어요. 저는 요즘 정보 과잉에 시달리지 않는 법에 대해 고민하고 있습니다"

    헬렌의 이야기 중 마음에 든 부분은 그녀가 상당한 시간을 성찰하고, 창의적이며 그리고 비전이나 회사의 방향성과 같은 더 큰 이슈에 대해서 고민한다는 것이다. 이런 것들은 충동과 많은 활동의 방해를 참아내어 창조적 비활동을 하는 시간을 만드는 의식적인 노력을 필요로 한다. 역설적으로 그리고 트랜드에 역행하여, 바쁘지 않으려고 의식적 노력을 하는 게으름 부리기가 우리의 정신 건강을 위해서는 최선이다.

그러나 우리는 과도한 업무를 숭상하는 사회에 살고 있어서, 활동과 비활동 사이의 균형이 심각하게 깨지고 있다. 조직에서는 일중독을 권장하며, 심지어는 일중독자에게 보상을 한다. 반면에 아무것도 하지 않는 활동은 무책임함, 시간 낭비, 혹은 기대치 달성을 위한 사회적 압력의 낙인이 찍힌다. 우리는 무언가를 하고 있지 않으면 죄책감과 무력감을 느끼도록 조건화가 되어 있다. 기차에서, 거리에서 심지어는 미팅에서 주변을 둘러보면 사람들은 그들의 모바일 장치에 딱 붙어서 끊임없이 정보를 주고받는 것을 볼 수 있다. 그러나 늘 이렇게 쉽게 닿을 수 있다는 것은 우리가 스스로와의 연결을 잃을 수 있다는 위험이 있다. 우리가 스스로에게 방해받지 않고, 자유롭게 생각하고 성찰할 시간을 주지 않는다면, 개인적 성장, 통찰, 그리고 창의력은 잘 생겨나지 않는다. 그리고 길게 봤을 때 우리의 일반적인 웰빙은 곤란해진다.

계속해서 바쁜 것은 우리가 귀찮은 생각과 감정으로부터 도망가는 매우 효과적인 방어기제가 될 수 있다. 그러나 '조증' 행동에 의지하여 우리는 우리의 감정과 걱정의 진실을 의식적 혹은 무의식적으로 억압하게 된다. 그러나 무의식적 생각 프로세스는 의식적으로 문제 해결에 집중하는 것보다 새로운 생각과 해법을 더욱 효과적으로 만들어낼 수 있다.

잠시 쉬는 것의 장점은 그것이 즐길 수 있는 기회를 만든다는 것이다. 특정 목표달성이 아니라 즐거움과 탐색을 위해서 시도되는 비구조화된 활동인 놀이의 기능과 장점은 수십 년간 연구되었다. 진화 심리학자들은 놀이의 적응적 기능을 강조해왔다. 불행하게도 성인인 우리는 우리의 초기의 자연스런 상태의 놀이법을 잃어버렸다. 창조적 자유를 논리와 구조로 바꾸고, 놀이터를 떠나 자율적으로 노는 법을 잊어버렸다. 아무것도 하지 않는 것처럼, 어른세계의 놀이는 비생산적이고 죄스러운 게으름으로 여겨진다.

나는 놀이는 사치가 아니라 필수라고 주장한다. 이는 개인의 발달과 웰빙에 좋은 풍부한 감성과 상태로 다가가게 해준다. 이는 발견과 연결을 쉽게 하여 놀라움, 즐거움 그리고 이해라는 감정을 불러일으킨다. 놀이는 또한 스트레스를 경감시킨다. 우리의 기분을 고양시키고, 고통, 두려움과 불안을 극복할 수 있도록 하는 엔도르핀 분비를 촉진한다. 놀이는 슬픔을 다룰 수 있도록 도와준다. 사실, 아이와 어른 모두에게 놀이의 혜택은 너무나 많아서 여가 정도가 아니라 매우 심각한 비즈니스가 된다.

아무것도 안 하기와 지루함은 매우 밀접하게 관련이 있으며 둘 다 나쁜 인상을 준다. 빈번하고 지속적인 지루함을 토로하는 것은 보통 문제 있는 성격의 신호로 읽힌다. 그러나 우리가 지루한 것이 진짜 잘못된 것일까? 자세히 들여다보면 지루함은 독특한 가치가 있다.

우리가 지루함을 느낄 때, 우리는 할 것이 없거나 우리가 하는 일이 보람 없는 쓸데없는 일이라 느낀다. 우리는 만족스러운 일에 몰입해야 한다는 충고의 홍수 속에 살고 있으나, 실제로는 그러지 못한다. 지루함은 가정생활과 직업에서의 많은 면, 예를 들어 매우 반복적인 서비스, 기능직, 그리고 공장의 라인의 일 등의 실질적인 요소이며, 우리는 이것들을 견뎌내야만 한다. 지루함을 건설적으로 다루지 못하면 인간은 제 기능을 할 수가 없다. 지루함에 반사적으로 대응하는 사람들, 계속적으로 자극과 스릴을 필요로 하고 내부적 자원이 거의 없는 사람들은 집과 직장에 큰 혼란을 초래할 것이다.

많은 경우에서, 지루함은 무언가의 전조이다. 이는 상상과 창조성을 끌어내고, 이는 기대와 매우 밀접한 단어이다. 이는 새로운, 잠재적으로 더욱 흥미롭고 자극적인 길을 찾고자 하는 욕망으로 우리를 안내한다. 다른 식으로 이야기하자면, 지루함은 우리가 낯선 것을 찾아 나서게 되는데 중대한 자원이다. 지루하다는 것은 풍부한 내면 인생을 개발하고 더욱 창조적이 되게끔 한다.

그러나 우리 대부분은 지루함이 우울과 자주 연관이 되기 때문에 지루함을 참기 힘들어한다. 대신, 우리는 바쁘게 지내고 우리의 귀찮은 악마를 몰아낸다. 바쁨은 우리를 기분 좋게 하고 심지어는 우쭐하게 해주기 때문이다. 그런데 우리는 무엇에 그렇게 바쁜가? 왜 우리는 이렇게 열심히 달리나? 우리는 스트레스 받고, 탈진하고, 바른 방향으로 뛰고 있는 지도 모르는 상태로 그저 열심히만 뛰고 있다.

아무것도 안 하는 것은 성찰과 문제 해결을 위해서 정신 공간을 비우는 것이다. 새로운 생각의 연결이나 아이디어는 우리의 관심이 다른 데로 흘러가는 동안 의식 수준으로 떠오른다. 생각의 조각들이 자라나거나 무의식적으로 재조합이 되는 것은 아무것도 안 하고 있어서 지루할 때 가능하다. 이어서 우리가 기대조차 하지 않을 때 해답이 갑자기 툭 튀어나온다. 많은 이가 이런 수동적이고 멍한 순간이 '유레카'의 순간이 일어나는 데 필수적이라는 것을 발견한다.

딴생각과 지루함에 대한 고찰은 우리를 좌뇌 우뇌 활동에 질문을 던지게 한다. 신경과학자들은 '좌뇌형' 인간은 논리적, 분석적이며 객관적인 반면 '우뇌형' 인간은 직관적이고 성찰적이라고 한다. 좌뇌에서는 언어와 논리, 순차적 정보 처리가 이루어진다. 우뇌는 시각적이며 정보를 직관적이고, 총체적으로 그리고 무작위로 처리하는 면이 있다. 그리고 우반구는 좌뇌에 의해서 프로세스가 일어나는 언어적 언어의 주요 요소가 부족한 대신, 창의적 과정에 중요한 역할을 하는 그림, 음악, 그리고 감정 등을 '언어'로 사용한다. 그러나 뇌의 양쪽은 함께 작동해야만 일을 수행할 수 있다.

좀 더 단조롭고, 일상적인 활동은 우리의 좌뇌가 상당히 주도한다. 바쁜 것과 좌뇌 활동은 매우 가깝게 연결되어 있다. 우리가 일어나서 일반적인 루틴을 반복하는 동안, 더 많은 인지적 프로세스를 주도하는 좌반구는 우반구의 프로세스를 점령해 버린다. 이것이 우뇌의 활동이 동시에 일어나지 않는다는 것을 의미하지는 않는다. 그러나 우리가 아무것도 하지 않거나 지루해하는 비활동 시간 동안에는 특히 우반구가 자신의 역할을 할 기회를 잡게 된다. 이는 우리가 밤에 잠을 잘 때와 비슷하게 이완, 명상, 최면, 환상 경험, 또는 백일몽 등의 상황에서 작용한다. 우반구는 이렇게 우리가 바쁠 때 역할을 느러내지 못한다. 아무것도 하지 않는 것 혹은 할 일이 없는 것은 무의식적 사고 프로세스를 자극하는 절호의 기회이다. 의식적인 생각과 비교할 때 무의식적 생각은 통합과 정보 결합을 촉진시키고 방대한 지식의 데이터베이스에서 연관성 찾기 활동을 할 수 있게 된다. 무의식 분야에서 우리는 전형적인 연관에 덜 사로잡히고 더욱 새로운 아이디어를 생성하게 된다.

우리가 빠르게 돌아가는 인생에서 잠시 쉬는 시간을 갖고 온전히 노는 것은 중요하다. 가능성을 느끼고 의미를 향상시키는 자유와 규칙을 둘 다 경험할 수 있게 해주는 변증법적인 상호작용 프로세스에 몰입하는 놀이 말이다. 실용적인 면에서 이를 행하는 하나의 방식은 감성적이고 심리적인 역동이 일어날 수 있는 리더들을 위한 변환적 리더십 워크숍이나 프로그램에 참가하는 것이다. 인생을 잠시 멈추고 탐색하고 싶어 하는 이들이 모인 이런 프로그램에서는 성찰을 위한 시간을 마련하고, 일을 다르게 처리하는 길을 찾기 위한 정신적인 휴식을 취할 수 있다.

조직의 놀이 치료의 한 형태로, 나는 1년에 한 번 '도전 리더십: 성찰하는 리더를 만들기'라는 워크숍을 운영한다. 세계 각지의 20명의 최고위 임원들(대부분 CEO)이 초대된다. 주제는 잘 풀릴 것 같지 않은 문제, 스스로에 대한 부정적 감정, 지루함 혹은 사기꾼처럼 느껴지는 감정 등이다. 그들은 다양한 스트레스 증상에 시달리거나 인생의 존재론적 딜레마와 싸우고 있다. 재미있는 것은 그들이 이 프로그램에 지원할 때는 이러한 문제점들이 그들의 마음에 분명하게 언어로 표현되어 있지 않다는 점이다. 이 프로그램의 목표는 리더들이 그들의 바쁜 일상에서 한발 물러나 잠시 멈추고 들어갈 수 있는 성찰과 실험의 공간인, 전환적 공간 만드는 것이다. 주요 요소는 프로그램을 통해 참가자들 간의 놀이에 대한 감각을 키워주는 것이다. 이 공간은 포용 환경을 제공하여 참가자들의 부족함이 수용되고 상대에게 서로를 비춰보게 된다. 워크숍 동안 무의식적이고 잘 인지되지 않는 재료들, 오랫동안 억압되어온 두려움과 그리움 등이 표면에 떠오르게 된다. 저항은 전통적인 형태인 편 가르기, 투사, 부정, 전치, 해리, 그리고 우울로 나온다. 시간이 갈수록 이런 저항은 덜 효율적이 된다. 프로그램이 끝날 때, 대부분의 참가자들은 마음의 장벽을 허물고 지금껏 한 번도 한 적 없는 용감한 대화를 할 수 있게 된다. 그 과정을 통해 참가자들은 또한 성찰적이고 자기 분석적이 된다.

이러한 개입들에서 나는 루틴, 규칙 그리고 타인의 기대의 치명적이고 미칠 것 같은 작용들로 부터 쉬는 시간을 갖는 것의 힘을 보았다. 전환적 공간은 억압 때문이든 창조하는 능력때문이든 어쨌건 일어나게 되는 자기계발과 개인적 창의력과 문화 경험을 위해 매우 중요하다. 이를 통해, 그들은 그들이 장난스러움과 자발성을 가진 상태로 돌아가고, 새로운 도전을 시도하고, 새로운 장소, 아이디어, 그리고 활동들을 탐색하고, 새로운 관점과 해결책이 솟아나기에 충분한 안전함을 느낄 수 있다. 더욱 중요한 것은, 이런 과정의 열매는 그들의 일상으로 돌아간다. 참가자들은 의식적으로 더욱 성찰적이고 의미 있는 행동들을 일에 통합시키기 시작한다.

이런 시간은 리더와 조직이 샌드박스로 돌아가고 아무것도 하지 않음의 힘을 깨닫게 할 수 있다. 더욱 효과적이기 위해서 우리는 우리 자신과 다른 사람들을 바쁨으로부터 빼어내어 우리가 온전하게 성찰하고 생각할 수 있는 일정을 잡을 필요가 있다. 우리가 현안으로부터 관심을 거두고, 자유로운 사고를 하고, 우리를 완벽하게 다른 활동에 빠지게 활동은 요술을 부릴 수도 있다. '생각 멈추기(unthinking)' 만으로도 우리는 새로운 창의적 아이디어에 도달할 수 있다. 마음의 비활동 상태는 미래의 창조성 폭발을 위한 배양단계로 볼 수 있다.

많은 기업들이 마음챙김과 명상을 그들의 직원들의 창조적 잠재력을 꺼내는 데 쓰고 있다. 3M, 픽사, 구글, 트위터와 페이스북은 혼자만의 시간 또는 사색 활동을 그들의 주요 일하는 방식으로 쓰고 있다. 목표는 직원들의 자기인식, 자기 관리, 그리고 창의성을 높이기 위함이다. 목적은 더 오래 일하는 것이 아니라, 더 스마트하게 일하는 것이다.

좋은 리더는 행동과 성찰을 모두 하는 사람이다. 우리가 우리의 일과 놀이의 균형을 이루는 방법을 모른다면, 우리는 신체적 심리적 소진의 결과물이 되어버릴 수도 있다. 아무 일도 하지 않는 시간을 갖는 것은 하여간 우리를 더욱 생산적이고 창의적이게 할 것이다. 속담에 우리는 우리가 얼마나 올라갔는지 알기 위해서는 산으로부터 떨어져 봐야 한다고 한다.

Question

☑ 당신은 스스로에게 자유시간을 주기 위해서 "싫어요"라고 말할 줄 아는가? 당신은 '내 시간'을 가질 줄 아는가?

☑ 당신은 노는 것이 쉬운가? 스스로 잘 논다고 생각하는가? 어른이 된 후, 아이들과 자주 노는가?

☑ 당신은 '아무것도 하지 않음'을 즐길 수 있는가?

☑ 당신은 아무것도 하지 않을 때 불안한가? 당신은 바쁠 때만 기분이 좋은가?

☑ 당신은 성찰의 시간을 갖기 위해 정기적으로 디지털 기기를 꺼 놓는가?

☑ 당신은 충분히 자는가?

☑ 당신은 당신의 꿈에 관심을 갖는가?

30장

꿈의 탐색
_무의식에 이르는 왕도

    IT 회사의 CEO인 리는 나에게 그의 별장으로 걸어가다가 그가 벌거벗고 있는 것을 알게 된 꿈에 대해서 이야기하였다. 몸을 가릴 수 있는 것은 작은 수건뿐이었다. 그것으로 겨우 몸을 가리고 별장 쪽으로 뛰어가는데 그 조차도 사라져 버렸다. 그러자 별장의 발코니에 있던 이웃 사람들이 그를 보며 웃으면서 손가락질하고 있었다. 그리고 가는 길에 그의 지갑을 발견하였다. 그러나 지갑도 비어 있었다. 그는 그렇게 창피하고도 당혹스러운 감정에 사로잡혀 있다가 잠에서 깨었다.

    이 꿈은 무엇을 말해주는가를 묻자 리는 그가 매년 주주총회에서 노출이 되면서 느끼는 감정을 연관시켰다. 곧 주주총회가 열린다. 그는 대중 연설에 능했지만, 그 행사는 기다려지지 않았다. 그 행사에 익숙해지는데 그에게 꽤 긴 시간이 걸렸다. 그는 또한 그의 꿈에서 벌거벗고 있는 것이 그가 기습공격을 당하는 것을 의미하는 것은 아닌지 궁금했다. 그는 무언가를 은폐했다고 사기로 고소를 당할 것인가? 위임장 쟁탈전이 있을 것인가? 그는 CEO 자리에 오르던 때를 떠올렸다. 그는 회사의 빠른 성장을 약속했지만, 그 정도의 성장은 이루어지지 않았다. 그 꿈은 그가 처분한 회사채(꿈 속의 텅 빈 지갑은 사라진 자원을 뜻한다)에 대해 추궁을 받을 것에 대한 미래의 재앙처럼 느껴지는 엄청난 두려움을 가진 것을 깨달았다.

잠을 자고 꿈을 꾸는 것은 인간 조건의 주요 부분들이다. 우리는 1년 365일 중 122일 가까이 잠을 잔다. 잠을 자는 동안 일반적으로, 우리는 90분 마다 하나의 꿈을 꾼다. 우리는 하룻밤에 3개에서 5개, 많게는 7개까지의 꿈을 꾼다. 60세까지 우리는 대략 9만 시간 동안 200,000개의 꿈을 꾸는 셈이다. 야간 여행과 같은 꿈을 진지하게 여긴다면, 우리가 어떤 생각에 사로잡혀 있는지, 어떤 걱정을 하는지에 대한 유용한 실마리를 얻을 수 있을 것이다.

꿈에 대한 연구를 '해몽학'이라고 하는데 이는 신경과학, 심리학, 그리고 문학에 걸친 광범위한 연구 분야이다. 해몽학 연구자들은 우리가 왜 꿈을 꾸는지에 대해서 많은 이론을 제시하지만 꿈의 목적에 대해서는 어떤 합의에도 이르지 못했으며 각자의 해석만 있을 뿐이다. 마음에 관한 연구에서 꿈은 아직 정복하지 못한 마지막 도전 분야로 남아 있다.

실제로 꿈이 생리학적, 생물학적 또는 심리학적 기능을 가졌는지는 아직 답을 찾지 못했다. 그러나 대부분의 꿈 연구자들은 꿈은 우리의 정신적, 감정적, 그리고 신체적 웰빙에 매우 중요하다고 믿는다. 물론 꿈은 별 목적이 없다고 주장하는 이들도 있다. 그들은 꿈은 그저 무작위적이고 의미 없는, 우리가 깨어 있는 동안에는 일어나지 않는 뇌의 뉴런들의 작용일 뿐이라고 본다. 그러나 다른 시각을 가진 사람들이 매우 많다.

우리가 왜 꿈을 꾸는지에 대한 유망한 시각은 진화론적인 시각이다. 많은 진화 심리학자가 우리는 꿈에서 투쟁 도피 반응을 연습한다고 본다. 그들은 꿈의 생물학적 기능을 위협적인 사건을 설정하고 위협을 인지하고 피하는 연습이라고 제시한다. 그리고 이러한 진화론적 시각에서 한 걸음 더 나아가, 우리는 우리의 꿈의 분석을 통해 우리는 일상에서 무엇을 보고, 듣고 싶어하지 않는지를 알 수가 있다. 더 나아가 우리가 반복적으로 어떤 꿈이나 악몽을 꾼다면 우리는 주의를 기울여야 한다.

꿈의 언어를 이해하는 것은 쉽지 않다. 꿈은 지리하고 평범한 데서부터 과도하게 초현실적이거나 이상한 상태까지 그 자체의 언어가 있다. 그러나 꿈은 우리가 꿈을 꾸는 동안은 심하게 진짜 같거나 많은 의미를 지니는 것 같지만, 깨어날 때는 우리에게 불쾌한 감정이나 남기는 것처럼 보인다. 그러나 나는 이러한 야간의 여정은 강력한 문제 해결 도구가 되고 우리의 일상에 영향을 주는 압력이나 스트레스를 더 잘 이해하는 지름길을 제공해 주는 것을 발견해왔다.

　무의식과의 연관성을 제공해 주는 꿈은 우리의 삶과 매우 밀접하게 엮여 있기 때문에 꿈은 일종의 심리치료로 볼 수 있다. 스토리텔링의 한 행태로 너무 섬세해서 깨어 있는 동안에는 알아차리지 못했을 신호들을 알아차릴 수 있다. 깨어있는 상태와는 상반되게, 꿈에서 우리는 안전한 곳에서 정서적 만족을 가질 수 있는데, 이런 정서는 우리가 깨어 있을 때 문제가 뇌의 더 비판적이거나 방어적인 부분에 놓여 있어서 찾을 수 없던 연결점을 찾을 수 있게 해준다. 우리가 많은 심리치료자들의 말을 믿는다면, 꿈을 심각하게 여기는 것은 우리가 기억하지 못하는 모든 꿈의 중요한 것을 놓치고 있음을 증명한다.

　꿈은 덜 이성적이고 덜 방어적인 마음의 틀로 감정적인 부분을 볼 수 있게 한다. 꿈은 다른 사람과 우리에 대해서 어쩌면 억압할 수도 있는 통찰을 얻게 해준다. 우리의 꿈을 성찰할 때 우리는 깨어 있을 때의 사람들과 상황들을 새로운 면에서 볼 수 있고, 보통은 시각적, 언어적 유희가 뒤엉킨 상징적 언어에 가려져 있는 다양한 상황들 속 숨겨진 진실을 알아낼 수 있다. 꿈은 우리가 직면하고 싶지 않은 어려운 질문을 던지도록 몰아세운다. 이것들은 우리 내면의 고난, 행동, 그리고 걱정에 대한 실마리를 제공하고 이들을 더욱 실질적인 수준에서 인식하게 해준다. 꿈은 우리의 동료나 가족들을 더 맑은 눈으로 바라보고, 연상작용을 통해 이슈나 어려움에 다다르는 지름길로 인도하는 주요 작용을 한다. 또한 꿈은 우리가 일상의 문제에 창의적인 해결책을 찾도록 도와줄 수 있다. 꿈에서 우리는 영감과 실제 문제의 답을 불러낼 수 있다. 더 나아가 우리의 꿈을 성찰하면서 처음에는 풀 수 없을 것 같은 딜레마에도 어떤 행동을 취할 준비를 할 수도 있다. 이것은 우리가 '하룻밤 자면서 생각하는' 것이 문제에 답을 주는 것을 설명해준다.

어떤 사람들은 꿈을 기억하는 것을 어려워하지만, 꿈을 기억해내는 것 기술은 배울 수 있다. 예를 들어 깨자마자 움직이지 않고, 생각이 흐르고 꿈의 이미지가 남아있도록 하는 것이다. 사실은 꿈에서 깨어나면 우리는 끝 부분의 약간만을 기억할 뿐이고 자세한 내용들은 사라지고 기억은 희미해진다. 우리는 이런 일이 왜 생기는지 진화심리학자들의 설명을 들어볼 필요가 있다. 아마도 꿈을 기억해내는 것은 너무나 강력하여, 우리가 깨어있는 상태와 잠든 상태를 혼동하고 이런 상태는 부정적인 결과를 낼 것이다. 이러한 순간적인 특성 때문에 꿈을 기억하는 방법 중 하나는 펜과 종이,

혹은 녹음기를 잠자리 옆에 두고 그것들이 사라지기 전에 기록하는 것이다. 주요 부분을 잡은 몇 개의 단어가 무의식적 내용을 더욱 구체적으로 만들어 줄 것이다.

당신의 꿈을 다른 사람들에게 묘사하듯이 다른 이들도 그럴 수 있다. 다른 사람들의 꿈을 이해할 때 그들의 꿈은 당신이 당신의 꿈에 대해 그런 것처럼 그들이 이 야간 작품의 감독이고, 프로듀서이고, 작가라는 점을 명심해야 하고, 그들의 꿈의 특정 상징은 그들이 해독할 수 있도록 해야 한다. 우리는 모두 우리 '꿈의 언어'를 가지고 있다. 모든 꿈은 문고리가 있으며 풀어야 할 고리가 있다. 예를 들어 꿈속에 곰이 나타났을 때 곰은 사냥꾼과 그것이 자신의 곰 인형이라고 생각하는 아이들에게 다른 의미를 지닌다. 카레이서에게 차와 가끔 차를 모는 사람에게 차는 또 다르다. 꿈속의 대상, 인물, 동물, 사람, 그리고 특이한 것들은 우리에게 무시되고, 인식되지 못하고 잊어버린 무언가의 일면들을 가르쳐 준다.

가각의 꿈들의 요소를 점검하고 연관성을 찾으면서, 우리는 꿈의 의미를 해독해낼 수 있다. 물론 이런 과정을 복잡하게 하는 것은 무의식 전에 두려운 생각이 나타나고 그것들이 검열되어 사라짐으로써 상당한 혼란을 야기하기 때문이다. 처음에는 꿈의 내용이 이해가 되지 않더라도 숙고하고 조정해보면서 우리는 꿈의 메시지로부터 큰 통찰을 얻을 수 있을 것이다. 이렇게 꿈들은 한 인간의 온전한 인생사의 큰 맥락에서만 이해될 수 있다.

꿈을 성찰함에 있어서 가장 중요한 질문은 '그 꿈에 대해 생각할 때 가장 먼저 떠오른 것이 무엇인가?', '그 꿈이 무슨 생각을 하게 하는가?', '이 꿈에서 느낀 감정이 깨어있는 시간에도 느껴지는가?'이다. 이러한 종류의 질문은 당신의 독특한 꿈속의 특정 상징이 당신에게 무슨 의미인지를 해독해내도록 할 것이다. 그러나 꿈을 가지고 작업을 할 때 꼭 그래야만 하는 규칙이나, 특정한 공식 또는 처방 등은 없다. 모든 사람과 모든 꿈은 독특하다. 또한 모든 꿈은 여러 가지 의미와 중요성을 가진다.

거의 2500여 년 전쯤 중국 철학자 장자는 나비 꿈을 꾸고 깨어나서는 "나는 이제 모르겠네. 내가 나비 꿈을 꾼 장자인지, 장자의 꿈을 꾸는 나비인지."라고 했다. 이 유명한 이야기는 우리가 모순 속에 세상을 살고 있음을 알려준다. 그러나 한편으로는 계몽적인 의미도 있다. 우리가 온전한 나비가 되기 위해서 애벌레와 번데기 시기를 거쳐야 할 지라도, 꿈을 사용하는 것은 우리가 정신적으로 깨어 더 높은 수준의 인식을 할 수 있게 해준다. 프로이트는 말했다. 꿈은 무의식으로 가는 진정한 왕도라고.

Question

☑ 당신은 꿈을 기억해내는 것이 쉬운가? 꿈을 잘 기억해내기 위한 당신만의 방법이 있는가?

☑ 당신은 반복적인 꿈을 꾸는가? 혹은 악몽을 꾸는가? 당신은 반복적인 꿈과 악몽을 기억할 수 있는가? 당신은 이러한 꿈들이 당신에게 무슨 이야기를 하는지 아는가?

☑ 꿈을 기억해낼 때, 당신은 시간을 들여 그것의 의미를 알아내려 하는가? 당신의 꿈에는 반복적으로 나오는 상징이 있는가? 꿈이 당신이 맞닥뜨린 어려운 문제를 풀게 해준 적이 있는가?

☑ 당신은 꿈을 이해하기 위해서 다른 사람과 꿈에 대해서 이야기해 본 적이 있거나, 반대의 경우를 경험한 적이 있는가?

☑ 당신은 당신의 꿈을 통제하려고 시도한 적이 있는가?

리더십
롤러코스터
최고의 리더들은 어떻게 탁월함을 얻는가

2판 1쇄 인쇄 2024년 8월 23일
2판 1쇄 발행 2024년 8월 30일

지은이 | 맨프레드 케츠 드 브리스
옮긴이 | 김현정, 조원섭
펴낸이 | 하인숙

펴낸곳 | 더블북
출판등록 | 2009년 4월 13일 제2022-000052호

주소 | (주)07983 서울시 양천구 목동서로 77 현대월드타워 1713호
전화 | 02-2061-0765
팩스 | 02-2061-0766
이메일 | doublebook@naver.com

ⓒ맨프레드 케츠 드 브리스, 2019
ISBN 979-11-85853-63-5   03320